portrait

Herausgegeben von Martin Sulzer-Reichel

Bettina Wild, Jahrgang 1976, Germanistin und Publizistin, beschäftigt sich seit vielen Jahren mit dem Werk Rafik Schamis.

Rafik Schami

Von Bettina Wild

Deutscher Taschenbuch Verlag

Eine Auswahl aus der Reihe **dtv portrait** findet sich am
Ende des Bandes. Sämtliche in der Reihe erschienenen Titel
sind auf der Homepage des Deutschen Taschenbuch Verlags
und im <u>dtv</u>-Gesamtverzeichnis aufgeführt, das überall im
Buchhandel erhältlich ist.

Originalausgabe
Mai 2006
© Deutscher Taschenbuch Verlag GmbH & Co. KG, München
www.dtv.de

Umschlagkonzept: Balk & Brumshagen
Umschlagfoto: Claude Giger
Satz: Fabian Sulzer, Witten
Gesetzt aus der Palatino
Druck und Bindung: APPL, Wemding
Gedruckt auf säurefreiem, chlorfrei gebleichtem Papier
Printed in Germany
ISBN-13: 978-3-423-31084-0
ISBN-10: 3-423-31084-7

Inhalt

1   In Heidelberg 1973 im Studentenheim (Collegium Academicum)

Herkunft

>»Und leise singt der Sand. Doch unverweilt
Jagt hoch das Licht. Damaskus' Rosenduft
Schlägt auf wie eine Woge in die Luft,
Wie eine Flamme, die den Äther teilt:«
(Georg Heym, ›Der Tag‹)

R afik Schami ist ein Pseudonym, es bedeutet Damaszener Freund; der bürgerliche Name lautet Suheil Fadél, der Vorname bedeutet ›Morgenstern‹. Suheil Fadél wurde in der ersten Hälfte des Jahres 1946 geboren, im Jahr der Unabhängigkeit Syriens. Dieses Land in einer Region, die wir heute gerne als die Wiege unserer Kultur bezeichnen, hat eine lange und wechselvolle Geschichte. Es hat die drei monotheistischen Weltreligionen beherbergt und war Schauplatz mancher biblischer Erzählungen, von denen das Erweckungserlebnis des Apostels Paulus vor den Toren von Damaskus nur die bekannteste ist. Syrien

1966 wird der 1930 in Kardaha geborene Offizier und Politiker **Hafiz al Assad** Verteidigungsminister Syriens, 1970 wird er nach einem Putsch des rechten Parteiflügels Generalsekretär der regierenden Baath-Partei und übernimmt das Amt des Ministerpräsidenten; von 1971 bis zu seinem Tode im Jahre 2000 bekleidet er das Amt des Staatspräsidenten Syriens. Nachfolger im Amt des Staatspräsidenten wie auch in der Funktion des Generalsekretärs der Baath-Partei wird– auf Grund des Unfalltods des ersten Sohnes Assads – der zweitgeborene Sohn **Bashar al Assad**. Bashar al Assad wurde 1965 in Damaskus geboren, studierte Medizin und arbeitete von 1992–94 in einem Krankenhaus in London; nach seiner Rückkehr nach Syrien im Jahre 1994 wurde er von seinem Vater zum hohen Offizier ernannt und zum Nachfolger bestimmt.

hat verschiedene Formen der Herrschaft durchlebt und viele Herrscher kommen und gehen sehen, Ägypter (1500 v. Chr.), Assyrer (8. Jh. v. Chr.), Babylonier (7. Jh. v. Chr.), Perser (6. Jh. v. Chr.), die Griechen unter Alexander dem Großen (4. Jh. v. Chr.), die Römer der Antike (1. Jh. v. Chr.) und die Herrscher über das Oströmische Reich (seit 395 n. Chr. gehörte Syrien zu Konstantinopel), die Araber (7. Jh. n. Chr.), christliche Kreuzritter, die Osmanen (16.–19. Jh.) und in der letzten Phase der Kolonialzeit die Franzosen (20. Jh.). Nach zahlreichen Aufständen und Putschen in der Folgezeit der Unabhängigkeit regiert schließlich seit 1963 die Baath-Partei, seit 1970 unter der Führung der Sippe von Hafiz al Assad.

Die **Baath-Partei** (*arab.* al Baath = Wiedererweckung) wurde 1947 von M. Aflaq und S. Bitar in Damaskus gegründet; in den darauf folgenden Jahren entstehen auch im Irak und in Jordanien einflussreiche Parteiorganisationen. Die erklärten Ziele dieser pan-arabischen Partei waren die Befreiung der gesamten arabischen Region von jeglicher Form der Fremdherrschaft – dies ist auch zu sehen vor dem Hintergrund der einsetzenden Entkolonialisierung nach dem Zweiten Weltkrieg – sowie die wirtschaftliche und politische Vereinigung aller arabischen Länder. 1952 vereinigt sich die Baath-Partei mit der Arabisch-Sozialistischen Partei und erhält so einen linken, revolutionären Flügel; zwischen beiden Flügeln kommt es jedoch bald zu Spannungen. 1963 übernimmt die Baath-Partei die Macht in Syrien, es folgt 1966 – nach einem erneuten Putsch des linken Flügels – ein Bruch der syrischen mit der irakischen Parteiorganisation. 1968 übernimmt die Baath-Partei endgültig die Macht im Irak, wo sie bis zu Saddam Husseins Sturz durch die Amerikaner im Jahre 2003 regiert. In beiden Ländern hat(te) die Baath-Partei faktisch den Status einer Staatspartei, das Parteiprogramm richtet(e) sich nach dem Willen des jeweiligen Machthabers.

Rafik Schamis Geburtstadt Damaskus ist eine der ältesten Städte der Welt. Eine erste Siedlung von Ackerbauern auf dem heutigen Stadtgebiet datiert zurück auf das Jahr 8000 v. Chr., eine städtische Kultur gibt es seit etwa 5500 Jahren; die erste schriftliche Erwähnung von Damaskus findet sich 1470 v. Chr. in ägyptischen Siedlungslisten, die unter Pharao Thutmosis III. entstanden. Damaskus hatte viele verschiedene ethnische Gruppen und Religionen aufgenommen, bevor es, nach der Eroberung durch muslimische Araber im Jahre 635, für mehr als hundert Jahre unter der Herrschaft der Omayyaden (635–750) zur Hauptstadt und damit zum Zentrum des islamischen Weltreichs wurde. Nach 750 wird Damaskus von Bagdad abgelöst. Das ist der Grund für die bis heute andauernde Feindschaft der beiden Städte. Noch 300 Jahre lang werden Christen und Juden, denen auch unter der Herrschaft der Muslime unter bestimmten Auflagen und Restriktionen die Ausübung ihrer Religion gestattet wird, die Mehrheit der Bevölkerung bilden. Erst nach dieser Zeit wird Syrien auch in der Zusammensetzung seiner Bevölkerung ein islamisches Land werden. Bis heute leben in Syrien die Angehörigen der drei Weltreligionen relativ

2 Damaskus in den 40er Jahren.
Die Straßenbahn gibt es heute
nicht mehr.

friedlich nebeneinander, jedoch nur auf der geschäftlichen, nicht auf der persönlichen und familiären Ebene. Miteinander Geschäfte zu machen ist möglich, einander zu heiraten ist ausgeschlossen. Die Stadt Damaskus ist ein Ort der Koexistenz von Judentum, Christentum und Islam und darüber hinaus auch ein Schmelztiegel kleinerer lokaler Religionsgemeinschaften wie den Drusen und Yeziden sowie unterschiedlicher ethnischer Gruppen wie Araber, Kurden, Aramäer, Palästinenser, Tscherkessen und Armenier.

Rafik Schami entstammt einer Familie aramäischer Christen und wird im christlichen Viertel der Altstadt von Damaskus geboren. Dieses Viertel beschreibt er als äußerst lebendig und legt Wert darauf, »dass es kein Ghetto war, sondern eine Ansammlung von Gassen, in denen die Christen ihren Lebensstil ausüben konnten, ohne Rücksicht auf die Muslime.« Die Familie besitzt ein großes Haus, in dem sie den ersten Stock bewohnt; im Erdgeschoss leben fünf Nachbarfamilien, darunter auch der zu literarischer Berühmtheit gelangte Kutscher Salim. Das Haus der Familie liegt in der *Abbara*-Gasse, im Deutschen soviel wie *Überführung* oder *Durchgang*. Der Überlieferung nach ist der Apostel Paulus nach seiner Bekehrung zum Christentum vor den Toren von Damaskus, als ihm Christus erschien, durch diese Gasse geflohen und entkam den Häschern der römischen Armee, indem er, versteckt in einem Korb, über die Mauer am Ende der Gasse gezogen wurde. An dieser Stelle, die auch den Ausgangspunkt für die Verbreitung des Christentums in Europa durch den Apostel markiert, steht heute die Paulus-

»Bei meiner Geburt im Frühjahr 1946 verbreitete sich das Gerücht, nun wo die Franzosen abziehen, werden sich die Muslime an den Christen rächen. Meine Eltern flüchteten mit mir und meinen zwei älteren Brüdern nach Malula. Erst als es sich erwiesen hatte, dass die Christen nichts zu befürchten hatten, kehrten sie zurück. Das war aber für mich die erste Übung in der Flucht vor Gewalt.«

Kapelle. Das Motiv der Flucht wird Schami in seinen späteren Jahren immer wieder begleiten und für ihn von großer Bedeutung sein.

Rafik Schamis Vater, Ibrahim Fadél, ist Besitzer einer Bäckerei. Er ist ein ehrgeiziger, fleißiger Mann; wegen der instabilen politischen und wirtschaftlichen Bedingungen in der ersten Zeit nach der Unabhängigkeit Syriens erlebt er jedoch mehrmals starke geschäftliche Einbrüche, aus denen er sich aber immer wieder mit gesteigertem Arbeitswillen herauszuarbeiten weiß. Doch Bäcker war nicht sein eigentlicher Berufswunsch gewesen; Ibrahim Fadél liebte Bücher, sein Wunsch war es, »Buchmensch« zu werden. Schami erinnert sich an seinen Vater als einen der belesensten Menschen, die er je gekannt hat. Durch seine Liebe zum Buch trug Ibrahim eine kleine, aber interessante Bibliothek zusammen. Als Kind besuchte er durch die Vermittlung eines befreundeten Paters die Jesuitenschule, doch der Großvater wollte, dass sein Sohn Geld verdiente und Erfolg im Leben hatte. So wurde Ibrahim Fadél auf Geheiß seines Vaters Bäcker und versuchte daraufhin Zeit seines Lebens, den Vater zu übertreffen, indem er durch seine Arbeit reich wurde. Die Geschichte des Protagonisten aus Schamis autobiographischem Roman *Eine Hand voller Sterne*, der vom Vater gezwungen wird, die Schule abzubrechen, um Bäcker zu werden, ist auch eine Abbildung der Lebensgeschichte des eigenen Vaters. Zugleich aber ist diese Darstellung des Kampfes zwischen Vater und Sohn um die Selbstbestimmung über das eigene Leben eine alltägliche und häufige Geschichte, wie sie sich in den patriarchalisch geprägten arabischen Haushalten immer wieder abspielt. Dem Protagonisten aus *Eine Hand voller Sterne* wird es gelingen, seinen eigenen Lebensweg zu finden und sich erfolgreich gegen den Vater aufzulehnen. In der Realität allerdings scheitern die Söhne nur zu oft im Kampf mit dem Vater und versuchen diese Niederlage dann wiederum in der Unterdrückung ihrer eigenen Söhne wettzumachen. Schami selbst wird diesen Teufelskreis später durch seine Emigration nach Deutschland und die damit verbundene Distanz zum Elternhaus durchbrechen.

1937, mit siebzehn, heiratet Ibrahim Fadél Hanne Joakim. »Doch wie es dazu kam, ist eine kleine Geschichte«, eine wildromantische Geschichte, wie sie der Orient schreibt. Die Familie des Vaters, die Fadéls, sind eine bäuerlich-städtische Familie aus dem Großbauern-, Händler- und Handwerker-Milieu, ehrgeizige und strebsame Menschen,

---

Die **Aramäer** waren ursprünglich ein Nomadenvolk in Nordarabien, dessen Existenz seit dem 14. Jh. v. Chr. belegt ist. Etwa zu dieser Zeit siedelten sich die Aramäer in den Städten Nordarabiens an und übernahmen allmählich wichtige Funktionen in der Verwaltung der akkadischen und persischen Reiche. Das **Aramäische**, entstanden im 2. Jahrtausend vor Christus, wurde in Vorderasien zur Amts- und Handelssprache, wobei es sich gegen das Griechische behaupten konnte; im *Alten Testament* wie im *Talmud* finden sich aramäische Texte. Aramäisch war auch die Sprache Christi und der Apostel: Jesus sprach einen aramäischen Dialekt. Im 9.–2. Jh. v. Chr. breitete sich die **aramäische Schrift**, eine Konsonantenschrift, die in Syrien entwickelt wurde, über ganz Vorderasien aus. Erst um das Jahr 650 wurde das Aramäische durch das **Arabische** verdrängt; es wird heute nur noch von einer kleinen Minderheit gesprochen. Wie das Aramäische ist auch das Arabische eine semitische Sprache. Das Arabische, das sich in viele Dialekte mit einer relativ einheitlichen Schriftsprache gliedert, wurde mit dem Islam und durch den *Koran* über die ganze arabische Welt verbreitet. Heute wird es von etwa 150 Millionen als Muttersprache und von einigen weiteren Millionen als Zweitsprache gesprochen. Dabei wird das klassische (oder literarische) Arabisch als die heilige Sprache des Islam von den gebildeten Menschen als *Lingua franca* gebraucht; viele der modernen Dialekte unterscheiden sich jedoch sehr stark.

3 Die Mutter als junge Frau in Malula mit der traditionellen Kopfbedeckung, die sie nicht mochte und nur für dieses Foto trug (Ende der 30er Jahre).

die seit Generationen in Damaskus und dem christlichen Bergdorf Malula leben. Schami selbst erlebte seinen Groß- vater väterlicherseits, einen reichen Bauern, als »weisen, alten Mann und witzigen Menschen, angeblich war er aber sehr streng als junger Vater«. Die Familie der Mut- ter, die Joakims, hingegen sind eine ländliche Familie aus dem bäuerlichen Milieu, ebenfalls aus Malula. Sie sind arm, aber »sehr friedliche Leute«. Der Großvater mütter- licherseits war Schäfer, erlitt aber einen katastrophalen Verlust, als ihm wegen eines Virus seine gesamte Schaf- herde wegstarb; in der Folge musste er sich als Schäfer bei anderen Bauern verdingen. Schami selbst kannte die- sen Großvater kaum, da er früh gestorben war, aber er er- innert sich an ihn als einen »gütigen, großen Mann«.

Die beiden jungen Menschen, Ibrahim, ein lebenslusti- ger und gut aussehender junger Mann, und Hanne, eine selbstbewusste, schöne und umschwärmte junge Frau, verlieben sich ineinander und wollen heiraten. Doch die Eltern Ibrahims, vor allem dessen Mutter, sind gegen ei- ne solche Verbindung: Sie verachten die Familie Joakim, weil sie arm ist. Hanne etwa musste mit 12 Jahren Geld verdienen, indem sie sich bei einer französischen Familie als Dienstmädchen verdingte. Ibrahim wird moralisch unter Druck gesetzt und schließlich enterbt, doch trotz der Drohungen seines Vaters entscheidet er sich für die Liebe und heiratet Hanne. Unter Morddrohungen muss das Paar zusammen in den Libanon fliehen, wo sie an-

»Malula ist ein malerisches Dorf und es ist nicht übertrieben, wenn man sagt, Malula sei das bekannteste Dorf des Landes. Es liegt in den Bergen, umgeben von Felsen und trockener, bizarrer Landschaft. Seine Bewohner sprechen Aramäisch. Sie sind ein Bergvolk, etwas spröde und misstrauisch gegenüber Fremden, aber wenn man die Geschichte des Dorfes kennen lernt, wird man die Bauern verstehen, deren Dorf oft von außen angegriffen wurde. Sie sind sehr tapfer gewesen und haben sich immer unter großen Opfern gewehrt. Nicht selten sah ich, wenn ich später *Asterix* gelesen habe, Malula vor meinen Augen, denn so wie die kuriosen Franzosen stritten die Malulianer miteinander wegen jeder Kleinigkeit, doch sobald das Dorf in Gefahr geriet, standen sie zusammen. Sie hatten keinen Zaubertrank, sondern Arrak, einen 50–60 %-Anisschnaps, und die Felsen, die für Fremde unüberwindbar waren und den Malulianern Schutz boten.

Meine Eltern besaßen dort ein Sommerhaus und viele Gärten und Weinberge. Wir verbrachten alle Sommerferien (ca. 3 Monate) in Malula; mein Vater kam nur am Samstag und kehrte am Montag nach Damaskus zurück. Also blieben wir die ganze Zeit mit meiner lebenslustigen und großzügigen Mutter alleine. Als Kind hatte ich den Tag mit Spielen, Reiten und Wandern verbracht. Später kamen die Erntearbeit, die Jagd und das Lesen dazu. Ich nahm kistenweise leichte Lektüre mit nach Malula und verschlang sie dort, denn in den Hitzestunden lag ich im Schatten und las, auch in der Nacht las ich bis in die frühen Morgenstunden. Neben Verwandten und Bekannten aus dem Dorf verbrachten vier meiner wohlhabenden Damaszener Schulkameraden die Sommerferien in Malula, weil das Dorf 1700 m hoch liegt und den Urlaubern Frische schenkte. Langeweile kannte ich nicht.«

onym sozusagen im privaten Exil leben. Erst nach Geburt des ersten Sohnes, Schamis Bruder Nachle – einem Anlass, der in Arabien eine Versöhnung möglich macht – ist ihnen die Rückkehr nach Damaskus erlaubt. Der Großvater Schamis akzeptiert nun die Ehefrau seines Sohnes und nimmt sie als Tochter in die Familie auf, doch das Verhältnis zwischen Schwiegermutter und Schwiegertochter wird immer gespannt bleiben und ist bisweilen geradezu feindselig. Die Folge ist, dass Suheil niemals ein gutes Verhältnis zu seiner Großmutter entwickeln konnte: »Deine und meine Mutter haben ein geheimes Abkommen geschlossen, nie derselben Meinung zu sein«, sagte ihm sein Vater eines Tages und dieser Satz tauchte 50 Jahre später in seinem Roman *Die dunkle Seite der Liebe* auf (Buch des Lachens 3, S. 683).

Diese Erfahrungen und die Probleme der Berufswahl verändern den Vater, der nach Aussagen der Mutter »ein lebenslustiger und schöner Mann« war und Tanz, Gesang und Gäste liebte. Die Probleme mit dem eigenen Vater deformieren ihn: »Mein Vater ist durch den Kampf mit seinem Vater verloren gegangen.« Während Schamis Vater anfängt, Handel zu treiben – er unterhält ein Busunternehmen, handelt mit landwirtschaftlichen Produkten und Schafen und besitzt drei Bäckereien –, viel Geld verdient und dabei sein Lachen verliert, wird sich seine Mutter ihr Leben lang treu bleiben. Die ungebrochene Lebensfreude der Mutter ist eine Eigenschaft, die den Sohn immer beeindruckt hat und durch die die Mutter für ihn zu einem Vorbild wurde. Hanne Joakim liebte Gäste und Geselligkeit. Um jedoch dem sicheren Streit mit dem Ehemann aus dem Wege zu gehen, wurde nur dann ausgiebig gefeiert, wenn dieser auf einer seiner vielen Geschäftsreisen war. Und alle sechs Kinder verschwiegen ihm die Vergnügungen. Schami heute: »Das ist die Misere der arabischen Männer. Sie leben in einem Gebäude von Lügen und Selbstlügen.«

Kindheit und Jugend

»Meine Erzieherin war die Gasse.«

Kindheit und Jugend des Rafik Schami oder Suheil Fadél sind zunächst bestimmt vom freien kindlichen Spiel auf »seiner Gasse«. Diesem glücklichen und unbeschwerten ersten Abschnitt folgt ab 1956, Suheil ist inzwischen 10 Jahre alt, ein etwa zweieinhalbjähriges Intermezzo. Suheil wird von seinem Vater auf die Klosterschule des strengen »Ordens des Erlösers«, eine Art arabisches Jesuitenkloster im Libanon, geschickt. Im Alter von 13 Jahren »befreit« ihn eine schwere Hirnhautentzündung aus diesem Ort, der für ihn wie ein Gefängnis ist, in dem er jedoch einschneidende Bildungserlebnisse erfahren hatte. 1959 nach Damaskus zurückgekehrt, kann Suheil für kurze Zeit wieder das Leben in »seiner Gasse« aufnehmen. Anfang der 60er Jahre, als Suheil 15 Jahre alt ist, wird im christlichen Viertel ein Club für Jugendliche errichtet. Die Pubertät Suheils, zugleich der dritte Lebensabschnitt, ist nunmehr geprägt von den Besuchen im Club und dem dortigen Kontakt mit Gleichaltrigen.

Die Jahre im Kloster sind wie eine zeitliche Enklave im Verlauf der Kindheit und Jugend. Der Vater will den Sohn zum Pfarrer ausbilden lassen. Der kleine Suheil will jedoch nicht ins Kloster gehen, er möchte lieber bei seiner Mutter bleiben. Neben der Sehnsucht nach der Mutter gibt es weitere gute Gründe für sein Heimweh. Im Kloster wird ihm eine neue Identität übergestülpt: Aus dem Kind wird ein kleiner Mönch gemacht. Sein Kopf wird kahl rasiert, er muss eine schwere schwarze Wollkutte tragen und erhält einen neuen christlichen Namen. Ab sofort heißt er Barnabas, nach dem ersten Märtyrer der Kirche. Suheils Ankunftstag, der 11. Juni, ist im Kalender der Heiligen für Barnabas reserviert. Der Name wird dem Jungen bis zum Ende fremd bleiben, nicht zuletzt, weil

ihn die anderen Kinder immer wieder wegen der klang-
lichen Nähe von Barnabas zu Barrabas, dem Verbrecher,
der anstelle von Jesus bei dessen Kreuzigung begnadigt
wird, verspotten. Zudem muss Suheil seine Muttersprache aufgeben: »Arabisch stirbt am Klostertor. Gesprochen
und gelernt wird nun nur in Französisch.« Die Klosterschule, ein Internat mit ca. 150 Zöglingen, beschreibt Schami als
»sehr repressiv«. Ziel der Schule, die als christliche Or-
densgemeinschaft sowohl unter dem Einfluss der ehemaligen französischen Kolonialherren als auch unter dem
der modernen arabischen Diktatur stand, ist es, die Kinder auf ein gehorsames Leben in Kirche und Gesellschaft
vorzubereiten. So folgt die Erziehung den Gesetzen einer
»sippenhaft strukturierten, diktatorischen Gesellschaft,
die die Kinder von klein auf in die Mangel nimmt, damit
sie brave, gehorsame Untertanen werden«.

Die Erfahrungen dieser Jahre wird Rafik Schami später
in seinem ersten Roman *Eine Hand voller Sterne* und noch-
mals ausführlich und überhöht in seinem Roman *Die
dunkle Seite der Liebe* literarisch verarbeiten. Doch der
Aufenthalt im Kloster hatte auch etwas Gutes: Suheil
lernt während dieser Zeit perfekt Französisch sprechen,
und er macht die Entdeckung, dass man aus Büchern
noch mehr erfahren kann als aus mündlichen Erzählungen. Denn das Kloster bietet den Schülern zwei Möglichkeiten der Freizeitgestaltung: Sie können die freie Zeit
kniend und betend in der Kirche verbringen, oder aber
sie wählen den Rückzug in die Klosterbibliothek. Suheil
entscheidet sich für die Bibliothek, er betritt so mit Autoren wie Balzac oder Dumas zum ersten Mal fremde Kon-
tinente und macht mit Jules Vernes seine ersten »Welt-
reisen«. Über Verne sollte er später sagen: »Ich lernte von
ihm für immer die Regel: Wenn man gut recherchiert,
kann man gar nicht genug übertreiben.« Suheil gelingt es
so, den Eindruck zu verdrängen, dass die Zeit im Kloster
stehen zu bleiben scheint, und er erhält das Gefühl zurück, das auch seine Kindheit in »seiner Gasse« be-
herrschte: dass die Zeit wie im Fluge vergeht. Das Inter-

mezzo im Kloster und die schwere Krankheit bedeuten einen wichtigen Einschnitt in Suheils Leben.

Die Kindheit des Suheil Fadél ist von den Gesetzen einer arabischen Großfamilie und damit von zwei Polen geprägt: der Einbettung in die Familie und dem Leben auf der Straße, auf »seiner Gasse«, das heißt, der Einbindung in die Gruppe Gleichaltriger. Innerhalb der Familie ist es die Mutter, die Schami nach eigenen Angaben am nachhaltigsten geformt hat. So ist die Beziehung zur Mutter nicht – wie so oft in Arabien das Verhältnis zu den Eltern und der älteren Generation – von Angst geprägt. Vielmehr erinnert sich Schami an seine Mutter als eine »zärtliche, ältere Freundin, die unglaublich viel lachte«. Ihr kann er alles erzählen, sie nimmt auch Anteil an den ersten Herzensregungen. Diese besonders enge Beziehung zur Mutter entstand bereits, als Suheil im Alter von noch nicht sieben Jahren, wenige Monate nach der Einschulung, in kurzem Abstand zweimal an einer lebensbedrohlichen Infektion erkrankte und in deren Folge ein kränkliches Kind blieb. Damals wurde die Mutter für den kleinen Suheil zu seinem »Schutzengel«. Schami erinnert sich, wie er oft mitbekam, dass sie beim Verlassen des Raumes hinter der Tür weinte. In Gegenwart des Sohnes bemühte sie sich jedoch immer wieder, fröhlich zu sein und ihn mit lustigen Geschichten aufzumuntern; dieses Verhalten war wie »eine Therapie für das kleine Kind«.

Suheil lernte früh von seiner Mutter, dass in schlimmen Situationen, bei Schwierigkeiten und Traurigkeit das Lachen und die Geduld als Heilmittel wirken; diese beiden Motive, Lachen und Geduld, werden Schami ein Leben lang begleiten und zur tragenden Säule seiner Literatur werden. Später im Kloster erfolgt die neue schwere Erkrankung, diesmal an einer eitrigen Meningitis. Suheil durchlebt so Berührungen mit dem Tod, die ihn für sein ganzes weiteres Leben prägen. Die Medizin ist im Syrien der 50er Jahre noch auf einem relativ vormodernen Stand: Penicillin, wichtig für die Behandlung von Hirnhautentzündung, ist noch nicht allgemein zugänglich. So muss

Suheil Jahre lang mit älteren und primitiveren Mitteln behandelt werden, die heftige Nebenwirkungen hervorrufen und den Jungen immer wieder zur Bettruhe zwingen. Infolge dieser Krankheiten wird er zu einem ruhigen Kind, das das Nachdenken und die Literatur mehr liebt als körperliche und sportliche Betätigung. Schami erinnert sich, dass er es wiederum seiner Mutter zu verdanken hat, wenn er diese schwierigen Situationen in seiner Jugend physisch und psychisch gut verkraftet hat: »Die Krankheit legte mir zwar einige Beschränkungen auf, aber ich hatte ein emotional sehr erfülltes Leben, weil ich durch meine Mutter auch sehr viel Rückendeckung erfahren und viele Emotionen zurückbekommen habe.«

Das Verhältnis zum Vater ist spannungsreicher: »Das, was in meiner Familie wirkte, war, dass der Vater zu große Stärke als Pascha hatte, die uns alle ohne Unterschied ängstlicher machte, als es notwendig war. Noch heute spüre ich das.« Der Vater Schamis war ein typisches Oberhaupt der patriarchalischen arabischen Familie. Verhärtet durch den Kampf mit dem eigenen Vater, gab er diese Härte an seine eigene Familie, insbesondere an die Kinder weiter. So erinnert sich Schami an die Unnahbarkeit seines Vaters, der zu Zärtlichkeiten gegenüber seinen Kindern nicht bereit war und beispielsweise vor der plötzlichen stürmischen Umarmung des Kindes zurückschreckte. Bei der Erziehung seiner Kinder – darin durchaus dem europäischen patriarchalischen Vater verwandt – war Ibrahim Fadél darauf bedacht, auch diese zur Härte zu erziehen. Wie in seiner Generation in Arabien üblich, war er der Überzeugung, dass erst Arbeit einen echten Mann schafft; Müßiggang verachtete er. So müssen die Kinder weniger aus finanziellen Gründen, sondern als erzieherische Maßnahme in der väterlichen Bäckerei mithelfen. Auch der kleine Suheil muss nicht selten morgens ein bis zwei Stunden in der Bäckerei arbeiten, um dann in staubigen Kleidern in die Schule zu rennen. In dieser Zeit bedeutet »Bäckerei« für ihn »Staub, grober Umgang mit den Arbeitern, Hitze und ein schlecht gelaunter Vater«; die Schule wird immer mehr zu einem »Erholungsort«, zu einer Möglichkeit, der Bäckerei des Vaters zu entfliehen. Wenn auch mit Härte erzogen, hat Suheil jedoch, weil er wegen seiner Hirnhautentzündung keine Schläge auf den Kopf bekommen durfte, als einziger Sohn nie mehr eine Ohrfeige von seinem Vater bekommen (was in Damaskus durchaus an der Tagesordnung war). Stattdessen greift der Vater bei der Bestrafung seines Sohnes nun auf »psychische« Strafen zurück, wie Entzug von Taschengeld oder Verbot von Vergnügungen. Bis heute erinnert sich Schami daran, dass er einmal nicht an einer Klassenfahrt teilnehmen durfte, während alle seine Kameraden fröhlich ans Meer aufbrachen.

Was die Beziehung zur älteren Generation angeht, beschreibt Schami seine Kindheit als »deformiert durch Angst«; er sei immer gezwungen gewesen, »sich zu kontrollieren, damit die Erwachsenen nicht über seine Gedanken erschreckt werden«. Positives wurde hingegen nicht wirklich wahrgenommen. Kam er, wie durchaus häufig geschehen, als Klassenerster nach Hause, so wurde dies vom Vater als selbstverständlich hingenommen. Auf der anderen Seite setzte Ibrahim Fadél seinen gesamten Ehrgeiz in seine Kinder und schickte alle – auch die Mädchen – auf Eliteschulen; er wollte wohl, dass seine Kinder einmal das Leben voller Literatur und Bildung leben soll-

»Mein Vater hatte solche Angst um mich. Er kam jeden Tag ins Krankenhaus und blieb lange Stunden bei mir auf der Intensivstation. Als ich entlassen wurde, sagte er mir, bevor wir nach Damaskus zurückkehren, sollten wir uns in Beirut vergnügen, und er nahm mich mit in das beste Restaurant und auch einmal zum Pferderennen, und überall lachte er und sang mit mir auf der Straße. Es war das erste und leider das letzte Mal. Heute glaube ich, er fühlte sich schuldig, dass er mich ins Kloster geschickt hatte, nur um seine Träume zu realisieren, und das wollte er wiedergutmachen. Sobald wir Damaskus betraten, war er wieder der unnahbare große Patriarch.«

4 Rafik Schamis Onkel und Freund Josef in seinem Zimmer in Malula

ten, das ihm selbst durch die Intervention seines eigenen Vaters versagt geblieben war. Auch Suheil wurde ja auf die Klosterschule geschickt, um Pfarrer zu werden und den Traum des Vaters zu verwirklichen. Der Besuch der Klosterschule endet für den Jungen mit der Erkrankung an Meningitis, er endet aber auch mit einer Lebensrettung durch den Vater, als dieser ihn bei einem zufälligen Besuch gerade noch rechtzeitig ins Krankenhaus bringt. Erst nach einem langen Aufenthalt auf der Intensivstation durfte der Junge nach Hause. Er hatte so an der Schwelle zur Pubertät eine zweite Geburt durch den Vater erfahren.

Eine zweite Vaterfigur hatte Schami im jüngeren Bruder seiner Mutter, in seinem Onkel Josef. In ihm findet er einen Erwachsenen, der ihn schon als Kind ernst nimmt und wie einen Freund behandelt; Schami bezeichnet ihn als den wichtigsten Menschen nach seiner Mutter. Für den Onkel ist Suheil der Liebling unter der Kinderschar, vielleicht wegen der Kränklichkeit des Kindes, vielleicht auch wegen der engen Beziehung, die ihn mit der Mutter

Schamis in der Kindheit verbunden hatte. So lässt der Onkel nur ihn an sein einziges geliebtes Pferd. Der Radius des erlaubten Rittes vergrößerte sich von Jahr zu Jahr; Onkel Josef ermutigte Suheil dazu, die Welt zu erforschen. Das Reiten durch die Berge und durch schwieriges Gelände schulte Geduld und Kraft, aber auch die Fähigkeit, in Augenblicken der Gefahr schnell zu entscheiden. Von den Gefahren erzählte Suheil dem Onkel allerdings nicht, um ihn nicht zu beunruhigen. Schami beschreibt ihn als einen ruhigen und nachdenklichen Menschen, einen weisen Bauern, der keinen falschen Ehrgeiz kannte und mit dem zufrieden war, was er hatte. Onkel Josef habe nach der Devise gelebt »es reicht, wenn man genug zu essen hat«. Er sei in seiner Armut doch immer großzügig gewesen und habe Gäste mit offenen Armen empfangen. Auch im Exil wird Schami die Beziehung zu diesem Onkel bis zu dessen frühem Tod pflegen und ihm regelmäßig Briefe aus Deutschland schreiben.

In seiner Phantasie schafft Schami sich Jahre später einen zweiten Vater, indem er seinem literarischen Ich, dem jugendlichen Protagonisten aus *Eine Hand voller Sterne*, mit dem Kutscher Salim eine weise und einfühlsame Vaterfigur zur Seite stellt. Doch dieser »Vater« muss sterben, damit der Protagonist erwachsen werden kann. Die Abschiedsszene zwischen dem jungen Mann und Onkel Salim wird zur Initiation in das Erwachsenwerden. Das Vermächtnis, die Aufgaben seines Lebens weiterzuführen, bedeutet auch den Segen Onkel Salims – und somit eigentlich des Vaters – für einen gelungen Abschluss der Adoleszenz und einen guten Start in das Leben als Erwachsener. Daneben zeigt sich in der Gestaltung dieser Szene sowohl die Trauer über den Verlust der eigenen Kindheit als auch die Trauer über eine verpasste Chance mit dem eigenen Vater.

Ibrahim Fadél und Hanne Joakim haben sechs Kinder, die im Abstand von etwa vier bis viereinhalb Jahren zur Welt kommen; Suheil wird als drittes Kind geboren. Die Beziehung zu seinen Geschwistern ist durchaus differenziert zu betrachten. Den Gesetzen der Großfamilie folgend bilden sich in der Familie Grüppchen etwa Gleichaltriger. Zu seinem ältesten Bruder Nachle, der bei seiner Geburt schon acht Jahre alt ist, und zu den beiden jüngsten Geschwistern, der kleineren Schwester Thérése und dem jüngsten Bruder Francis, dem »Benjamin« und Liebling der Eltern, hat Suheil kaum Kontakt. Hingegen bildet sich innerhalb der Geschwistergruppe ein kleineres Grüppchen aus Suheil, seinem zweitältesten Bruder Mtanios (*arab.* Antonius), seinem »Lieblings- und Kämpferbruder«, und seiner nächstjüngeren Schwester Marie, seinem »Schutzkind«. Diese Konstellation wird Jahre später in seinem Roman *Der ehrliche Lügner* wiederkehren. Die engste und tiefste Beziehung verbindet ihn mit Marie.

»Meine Schwester Marie war engelhaft schön als kleines Mädchen und meine Mutter konnte ihr keine Bitte abschlagen; also schickten wir, mein Bruder und ich, sie einmal am Tag zu Mutter, um fünf Piaster zu erbetteln. Marie ging und kehrte bald lachend mit der Münze in der Hand zurück. Wir lauerten vor der Haustür und hörten ihre melodische Stimme. Wir begleiteten sie dann zum Eisverkäufer und genossen mit ihr gerecht geteilt die Beute. Das ging Jahre gut bis zu jenem Tag, als sie wieder einmal fröhlich mit dem Geld kam. Es war heiß und sie schwärmte von einem Brombeereis am Stiel. Wir begleiteten sie und sie nahm das Eis und wollte anfangen, als Mtanios ihr sagte, er fange an mit einem Schlecken, dann sie und dann ich. Er packte ihre Hand und saugte am fingergroßen Eis mit einer Kraft, die jeden Staubsauger mit 1400 Watt hätte erblassen lassen. Ich sah, wie die Farbe vom Stift und von Maries Gesicht wich. Als er nach einem Tritt von mir aufhörte zu saugen, war das Eis farblos, Wassereis eben. Marie schaute es von allen Seiten an auf der Suche nach einer Spur von Brombeere und als sie nichts fand, warf sie es dem lachenden Gauner wütend an den Kopf. Das war das letzte Mal, dass sie mit uns ihre erbettelten Piaster teilte. Immer wenn ich über das Scheitern der Wirtschaft in meinem Land höre, denke ich an diese Szene.«

Die beiden Geschwister haben heute noch fast täglich (telefonisch) Kontakt miteinander. Diese Verbindung zu Marie mag auch der Grund dafür sein, warum der Protagonist in *Eine Hand voller Sterne*, Schamis *alter ego*, nicht mehrere Geschwister hat, sondern nur eine jüngere Schwester. Ein kleines, aufgewecktes und freches Mädchen, das zwar durchaus nerven kann, aber dennoch vom Schreiber des Tagebuchs sehr liebevoll beschrieben wird. Die mittlere Position innerhalb der Geschwistergruppe als drittes von sechs Kindern, die Suheil einnimmt, bezeichnet er selbst als »beneidenswert«; sie verlieh ihm »eine gewisse Anonymität innerhalb der Familie« und gab ihm reichlich Gelegenheit, seine eigenen Wege zu gehen. Generell konzentriert sich in Arabien die Hauptaufmerksamkeit der Eltern auf den ersten und den letzten Sohn. Die Erziehung der anderen Kinder liegt weniger in den Händen der Eltern als in den Händen der Peergroup. Die Kinder kommen nur nach Hause, wenn sie müde oder hungrig sind. Im Rückblick drückt Schami dies so aus: »Meine Erzieherin war die Gasse.«

5 Hintere Reihe von links: Thérése, Marie
Vorne von links: Vater, Mutter, Bruder Francis
(Mitte der 70er Jahre)

6 Mit Schwester Marie auf der Terrasse im Sommer 1965

Mindestens so wichtig wie die Geschwistergruppe ist für Suheil daher auch die Einbettung in den Freundeskreis »seiner Gasse«. Er beschreibt diesen Kreis als ein durchlässiges Netzwerk vieler Kinder verschiedenen Alters – »interessante Teufel und schöne Mädchen« –, die neu hinzukommen und auch wieder verschwinden, als eine »dynamische, bewegliche Clique«. Die Clique ist von einem sozialen Zusammenhalt geprägt, der auf einem genau definierten Verhaltenskodex beruht; dadurch wird die gegenseitige Erziehung der Kinder gewährleistet. Suheil durchlebt so eine klassische (arabische) Straßenkindheit, wie sie in den modernen Industriegesellschaften weitgehend verloren gegangen ist, eine Kindheit, in der das Spiel mit den Gleichaltrigen die wichtigste Stellung einnimmt. Die Spiele ändern sich von Zeit zu Zeit und jedes Spiel hat seine eigene Saison, wie Schami in *Murmeln meiner Kindheit* beschreibt – das einzige Spiel, das bleibt, ist das Murmelspiel.

Anders als im muslimischen Teil der Stadt gibt es im christlichen Viertel von Damaskus keine Trennung zwischen Jungen und Mädchen; die Mädchen sind nicht verschleiert und eine relativ freie Annäherung zwischen den Geschlechtern ist möglich. So kann Suheil seine Zuneigung zu einem Mädchen frei ausleben, er darf sie sogar nach Hause einladen, um sie dort mit Süßigkeiten, klei-

7 Als Trau-
zeuge (links)
bei der Hoch-
zeit seines älte-
ren Bruders
Mtanios mit
Atir

nen Aufmerksamkeiten und Geschenken zu verwöhnen.
Dementsprechend kommt es häufig zu Situationen, in denen die Jungen, umringt von beeindruckten und staunen-
den Mädchen, um die Gunst des weiblichen Geschlechts
kämpfen. Die körperliche Stärke und Sportlichkeit eines
Jungen oder Mannes spielen in Arabien eine große Rolle.
Schami erzählt von Mutproben, zu denen er sich hinrei-
ßen ließ, um vor den anderen Jungen nicht als Feigling
dazustehen, z. B. vom lebensgefährlichen Klettern an einer hohen Felswand. Allerdings ist es ihm auf Grund seiner Kränklichkeit nicht immer möglich, an den oft rauen
Spielen der »Gasse« teilzunehmen. Auch im Sport ist er
immer unter den Letzten zu finden. Zudem nimmt er als
Schüler einer Eliteschule, die die Kinder in gewissem
Sinne absondert, und als ehemaliger Klosterschüler eine
Sonderstellung innerhalb der Gruppe ein, in der das An-

»Ich war nicht einmal sieben, als ein Mädchen mich im
Hammam an die Hand nahm und mir in einer fernen ruhigen Ecke zeigte, wie sich Frauen und Männer unterscheiden. Sie war ein oder zwei Jahre älter als ich und schien
auf mich zu warten, denn sobald ich mit meiner Mutter an-
kam, übernahm mich dieses dunkelhäutige schöne Mädchen. Die Frauen lachten nur vergnügt darüber.«

8 Der Blick auf die Gasse
Abbara aus dem Wohnzimmer
der Eltern

alphabetentum keine Seltenheit ist. Doch Suheil erobert
sich seine eigene Position in der Peergroup, indem er zu-
rückhaltend ist und nicht mit seinem Wissen prahlt. Wollte man es literarisch fassen, so nimmt er eine Stellung wie
die des Professors in Erich Kästners *Emil und die Detektive*
ein; seine Aufgabe innerhalb der Freundesgruppe ist die
Denkarbeit. Indem er den anderen, die mit Problemen zu
ihm kommen, mit Rat und Hilfe zur Seite steht, kann er
sich auch ohne körperlichen Einsatz Achtung bei seinen
Freunden erringen. Wie sein literarisches Ich in *Eine Hand
voller Sterne* gründet er mit der »Schwarzen Hand« eine
Gruppe von Verschwörern und Rächern, die sich gegen
Ungerechtigkeit und Benachteiligung Schwächerer wendet und in der Nachbarschaft Fehlverhalten ahndet. Eine
dieser »guten Taten« hat Schami, wie er selbst verrät, in
Eine Hand voller Sterne literarisch gestaltet: Die Bande
klebt eine Mahnung an die Tür eines Geheimdienstlers,
die diesen völlig verunsichert.

Neben der Begeisterung für das Hören und das Lesen
von Geschichten ist Suheil ein eifriger Kinogänger, er
selbst bezeichnet sich als »kinosüchtig«. So sieht er viele
der Filme, die heute zu Klassikern geworden sind: die

Filme Charlie Chaplins – bis heute ist Schami ein großer Chaplin-Fan geblieben –, Western, Piraten- und Robin Hood-Filme. Ganz besonders begeisterte ihn James Dean, der damals mit seinen Filmen weltweit zum Idol einer rebellischen Jugend wurde. Alle diese Hollywood-Filme werden in den Kinos von Damaskus im Original mit Untertiteln gezeigt. Arabischen Filmen hingegen kann Suheil wenig abgewinnen. Er betrachtet sie als »Schnulzen für alte Witwen«. Ein Kinobesuch kostete 50 Piaster, sein Taschengeld, das der Vater aus erzieherischen Gründen immer recht gering hielt, betrug 20 Piaster in der Woche. So musste er sich das Geld fürs Kino durch kleine Gelegenheitsjobs, wie Hausaufgabenschreiben für andere, kleine Reparaturen und Einkäufe sowie Tasche tragen für ältere Damen oder ähnliches selbst verdienen. Zudem mussten die Kinobesuche vor dem Vater verheimlicht werden, für den das Kino der »Inbegriff der Unmoral« war. Der Generation von Schamis Eltern, die die Hungersnöte des Zweiten Weltkrieges erlitten hatten, waren kostspielige Vergnügungen aller Art fremd.

Anfang der 60er Jahre, Suheil ist etwa 15 Jahre alt, ändert sich etwas für ihn und »seine Gasse«. Die Straße verliert ihre Anziehungskraft für die jungen Leute, als das christliche Viertel von Damaskus, unterstützt von der katholischen Kirche, auf einer ehemaligen Müllhalde einen

9 Spielende Kinder (80er Jahre)

10 Rafik
Schami
(vorne Mitte
mit Ball) und
die Basket-
ballmann-
schaft 1964

Club für Kinder und Jugendliche errichtet. Das Projekt
wird von allen Anwohnern mit Geld- und Sachspenden
unterstützt und durch kostenlose Verrichtung von Arbeit, z. B. Tischlerarbeiten, umgesetzt. Die Kinder und Jugendlichen helfen ebenfalls mit. So schleppt auch der
junge Suheil Steine und anderes Baumaterial durch die
Gassen der Altstadt. Um dem Club ein gewisses Ansehen
zu verleihen, wird der Kultusminister, ein Christ, zum
Präsidenten ernannt. Im Alter von 18 Jahren wird Suheil
von den anderen Jugendlichen zum Vizepräsidenten des
Clubs gewählt werden. Durch eigener Hände Arbeit er-
baut und letztlich durch Selbstverwaltung organisiert,
hat der Club den positiven Nebeneffekt, dass die Kinder
und Jugendlichen hier lernen, demokratische Strukturen
zu respektieren. Neben einer Cafeteria, die als Treffpunkt
der Jugendlichen dient, beherbergt der Club Sportplätze,
einen Tischtennis-Raum und einen Schachraum. Nach
und nach werden verschiedene Sportmannschaften gegründet: darunter eine Basketball- und eine Volleyball-
mannschaft, der es sogar gelingen wird, in die erste Liga
aufzusteigen, und eine der ersten Volleyball-Mädchen-
mannschaften Syriens.

Initiation in das Schreiben

> »Und ich habe angefangen schreibend
> nach dem Morgen zu suchen so wie
> die Meisterin Scheherazade, denn im
> Morgen verbarg sich ihre Rettung.«

Die Einsamkeit des Klosters hatte dem jungen Suheil die Welt der schönen Literatur eröffnet und markiert so einen wichtigen ersten Schritt auf seinem Weg zum Schriftsteller. Bei der Lektüre von Abenteuerromanen und dem Studieren von Enzyklopädien wurde die Klosterbibliothek für ihn der Ort, der ihm den ersten Kontakt zu einer Welt eröffnete, die außerhalb der unmittelbaren Erfahrungen eines Jugendlichen aus Damaskus der 50er Jahre lag. Hier erkundete er in der Phantasie andere Länder und Kulturen und entdeckte das Lebensgefühl vergangener Jahrhunderte. Die erste Begegnung mit Büchern, mit Gedichtbänden und Geschichtsbüchern fand schon vorher, im Hause der Eltern, statt. Ibrahim Fadél besaß als einer der wenigen Männer des Viertels eine »Minibibliothek«, die aus einer Ausgabe der Bibel, Bänden arabischer Lyrik und historischen Werken, etwa einer großen Abhandlung über politische Gerichtsprozesse vom Altertum bis zum 20. Jh., bestand: »Zwei Bücher, die Bibel und das Buch der Prozesse, beeinflussen bis heute mein Schreiben und Denken.« *(Kindheitslektüre)* Ibrahim Fadél ist auch einer der ersten, der die poetische Begabung seines Sohnes erkennt und zu formen sucht. Er erfindet ein Spiel, das die Begabung des Sohnes für Lyrik und Rezitation fördern soll und für Suheil zu einer ersten Übung in der Kunst des Dichtens wird. Die Spielregeln des Vaters besagen, dass er selbst einen Vers rezitiert und Suheil daraufhin einen Vers aus dem Gedächtnis vorträgt, dabei jedoch beachten muss, dass das erste Wort mit dem gleichen Buchstaben beginnt, mit dem der Vers des Vaters endete. Doch der Sohn entwickelt seine eigenen

Spielregeln: Anstatt Verse bedeutender arabischer Dichter zu rezitieren, dichtet er selbst und legt die eigenen Verse berühmten Poeten in den Mund. Es ist durchaus nicht auszuschließen und eher wahrscheinlich, dass der Vater die »Mogelei« des Sohnes durchschaut, aber er besitzt soviel Gespür, sich nichts anmerken zu lassen, um die Kreativität des Kindes nicht im Keime zu ersticken. Im Gegenteil: Er geht auf das Spiel ein und wundert sich, dass er die Verse des Poeten, die Suheil zu rezitieren vorgibt, nicht kennt. Doch das Spiel mit Gedichten bedeutet auch eine Gefahr für den Sohn. Ibrahim Fadél ist ein zutiefst religiöser Mann. Für ihn liegt die Aufgabe der Dichtung einzig im Preis des Herrn; die Namen Gottes, Jesu und Mariae kehren in jedem Vers wieder. So werden die Verse des jungen Dichters, in denen in romantischer Weise die Schönheit der Natur besungen wird, von seinem älteren Partner schnell zu einer Hymne auf die Schöpfung Gottes gewendet. Schami erinnert sich besonders an die hohen religiösen Feiertage, an denen sich der Vater mit dem Sohn zurückzog, um mit ihm das Lob Gottes zu dichten. Schami weiß, wie viel er seinem Vater zu ver-

11 Suheil Fadél im Alter von zehn Jahren

danken hat und er sieht es als dessen Verdienst an, dass er zum ersten Mal im Leben nicht mit »Murmeln, Dattelkernen oder Karten« spielte, sondern mit Worten. Doch er wurde sich auch damals schon dessen bewusst, dass das Eingreifen des Vaters seine individuelle dichterische Phantasie beschneiden würde: »Wäre ich unter den Fittichen meines Vaters geblieben, so wäre ich nie Schriftsteller geworden.« (*Hürdenlauf*, S. 7)

Schließlich wählt er einen anderen Weg, um sich vom Vater abzugrenzen, und damit einen Umweg in der Entwicklung zum Schriftsteller: Er wendet sich zum Schein, und sehr zur Enttäuschung des Vaters, von der Dichtung ab und konzentriert sich scheinbar nur noch auf die Schule und die Naturwissenschaft. Der spätere Entschluss, eine Naturwissenschaft zu studieren, ist auch aus Rebellion gegen den Vater geschehen, der in seinem Sohn die eigenen unerfüllten Wünsche und Lebenspläne verwirklicht sehen wollte: im Berufswunsch des Priesters und in der Berufung als Dichter religiöser Lyrik. Heimlich, ohne dass der Vater etwas davon bemerkt, stillt der junge Suheil weiter seinen Hunger nach Lektüre. Doch ist es diesmal eine von ihm selbst ausgewählte Literatur. Aus dem

»Ich erinnere mich gut an meinen allerersten Schultag, aber noch mehr an meinen Schulkamerad Jean. Ich kam ahnungslos, weil niemand zu Hause mit mir über die Schule gesprochen hatte. Da meine Mutter mich am Vorabend besonders geschrubbt hatte und ich am Morgen schöne Kleider trug, dachte ich die Schule ist eine Art Kirche – sie liegt auch unmittelbar neben der katholischen Kirche.

Jean wusste viel zu viel über die Schule. Er war klein und hatte große Augen. Er kam auf mich zu: »Hast du Angst?« Ich schüttelte den Kopf.

»Dann setze ich mich neben dich.«

Und er tat es und erzählte mir vier Jahre lang von den Geheimnissen der Welten unter der Schule. Nach der vierten Klasse verließ er die Schule und wurde wie sein Vater Lebensmittelhändler.«

Kloster zurückgekehrt und des schier endlosen Leseangebotes der Klosterbibliothek beraubt, befriedigt Suheil seine Sucht nach Lesestoff zunächst mit »Groschenromanen« und liest »Berge billiger Tarzanbücher (nach E. R. Burroughs) und die Krimis des Maurice Leblanc *(Arsène Lupin)«* *(Kindheitslektüre)*. Ibrahim Fadél ist die Lektüre von Krimis suspekt – er ist der Ansicht, dass diese kriminell machen – und so versteckt Suheil die dünnen Heftchen beim Lesen in Mathematikbüchern. Bücher zu kaufen ist wegen des geringen Taschengelds unmöglich, doch es eröffnen sich dem jungen Leser zwei Möglichkeiten, Bücher zu leihen und die in der Klosterbibliothek begonnene Weltreise durch die Literatur fortzusetzen: die Amerikanische Bibliothek in Damaskus, auf die ihn ein Freund aufmerksam macht, und der Kontakt zum Händler Ismail, einem »Buchhändler, Antiquar, Talismanverkäufer und Bilderrahmenhersteller« *(Kindheitslektüre)*, mit dem Suheil durch die gemeinsame Liebe zum Buch bald eine Freundschaft verbindet.

Die Besuche in der Amerikanischen Bibliothek erweitern den literarischen Horizont des Jugendlichen. Nach der Lektüre insbesondere französischer Literatur und der Weltliteratur vergangener Jahrhunderte in der Klosterbibliothek liest Suheil nun auch die Romane von zeitgenössischen amerikanischen Autoren wie Ernest Hemingway, John Steinbeck oder William Faulkner; von Autoren also, deren Texte auch für die westliche Jugend der 50er Jahre, insbesondere für die deutsche Jugend nach dem verlorenen Krieg, von großer Bedeutung waren. Auch hier bleibt er seiner Begeisterung für Abenteuerromane treu und liest mit Hingabe Jack London, der ihn neben Faulkner am meisten beeindruckt. Doch der begeisterte jugendliche Leser verschlingt ebenso die sentimentalen und heute nicht unumstrittenen Romane der Margaret Mitchell und der Harriet Beecher Stowe *Gone with the Wind* und *Uncle Tom's Cabbin*. Neben ihrer Bedeutung als Quelle für kostenlose Lektüre kommt der Amerikanischen Bibliothek noch eine weitere wichtige Bedeutung für den Heranwachsenden zu: Hier erlebt er erstmalig die Erfahrung, von Beamten oder einer Behörde nicht herablassend als ein Kind behandelt zu werden, sondern freundlich und respektvoll als »Mister« angeredet zu werden, als er bei seinem ersten Besuch schüchtern das Gebäude betritt. Und hier genoss er beim Lesen jene Stille, die er seit der

Das **Schulsystem** im Syrien der 50er und 60er Jahre orientierte sich weitgehend am französischen Vorbild. Dabei gab es staatliche und private Schulen, letztere hatten mehr oder minder den Charakter von Eliteschulen. Viele dieser privaten (Elite-)Schulen waren christlich geführt, was sich daraus erklärt, dass viele christliche Väter wegen ihres Minderheitenstatus einen besondern Ehrgeiz in ihre Kinder steckten und auch mehr als andere Väter am schulischen Fortkommen ihrer Kinder interessiert waren. Die Schulzeit dieser Ganztagsschule (bis vier Uhr) umfasste zwölf Jahre; einheitliche staatliche Prüfungen nach der fünften und der neunten Klasse entschieden über das Weiterkommen des Schülers. Schulpflicht bestand in Rafik Schamis Jugend allerdings nur bis zur fünften Klasse. Eine letzte staatliche Prüfung fand zum Abschluss der zwölften Klasse statt, vergleichbar dem französischen Baccalauréat oder dem deutschen Abitur. Ab der zehnten Klasse konnten sich die Schüler entweder für die Vorbereitung auf das naturwissenschaftlich geprägte oder das literarisch-philosophisch ausgerichtete Abitur entscheiden, wobei das naturwissenschaftliche Abitur – auch bei den Universitäten – angesehener war. Rafik Schami erzählt: »So konnte ein Schüler mit naturwissenschaftlichem Abitur mit den schlechtesten Noten an der Universität die Massenfächer Literatur, Philosophie, Pädagogik, Geschichte, Geographie oder Jura studieren, aber ein Schüler mit dem besten philosophischen Abitur durfte nicht Chemie studieren. Und bei all meiner Liebe zur Philosophie, Literatur etc. entschied ich mich für Naturwissenschaft.«

Rückkehr aus dem Kloster verloren hatte. Im Haus der Fadéls war ein endloses Kommen und Gehen, vom Morgen bis zum Abend. Schami spricht einmal davon, das Wohnzimmer seiner Eltern sei eine »freundliche Bahnhofshalle« gewesen.

Führt die Amerikanische Bibliothek den jungen Suheil auf seiner literarischen Weltreise in die USA, so verdankt er es unter anderem dem Buchhändler Ismail, dass er die literarische Tradition seiner arabischen Heimat besser kennen lernt, obwohl der Arabisch-Unterricht in der Schule, wie Schami sich erinnert, eher dazu angetan war, die Begeisterung für die arabische Literatur im Keime zu ersticken. Da es ihm und auch seinen Freunden unmöglich ist, die teuren Bücher zu kaufen, unterbreitet der junge Suheil dem Händler eines Tages die Idee, seinem Geschäft eine kleine »Leihbücherei« anzugliedern. Die Kinder und Jugendlichen hinterlassen ein kleines Pfand und müssen bei der Rückgabe des Buches lediglich fünf bis zehn Piaster zahlen – das Buch zu kaufen hätte zwei bis drei Lira gekostet. Wenn sie das Buch unbeschädigt zurückbringen, erhalten sie ihr Pfand zurück: »Die Idee schlug ein, und plötzlich wurden die Lausebengel zu ordentlichen Jugendlichen, die die geliehenen Romane brav und unbeschädigt zurückbrachten. […] Bald bestand die Kundschaft des Händlers aus hundert Jugendlichen, Mädchen und Jungen, die ihm mehr Geld einbrachten als er je durch den Verkauf eingenommen hatte. Damit war die erste öffentliche Bibliothek in meinem Viertel gegründet.« (Kindheitslektüre) Die Beziehung zu Ismail hat Schami Jahre später in der Beziehung des Protagonisten Sadik zum blinden Buchhändler in Der ehrliche Lügner verarbeitet. Die Gründung der »Leihbücherei« erfolgte kurz nach Suheils Rückkehr aus dem Libanon und sie bestand etwa drei Jahre bis zu Ismails Tod. Doch in diesen drei Jahren las der junge Suheil »regalweise« die arabischen Autoren und machte schon damals, im Alter von etwa 14 bis 17 Jahren, die für sein eigenes Schreiben entscheidende Erfahrung, dass ihn die klassischen arabischen Autoren

12 Blick auf Rafik Schamis Zimmer im Erdgeschoss seines Elternhauses mit dem Granatapfelbaum vor der Tür, den er selbst gepflanzt hat.

deutlich mehr beeindruckten als die modernen arabischen Schriftsteller. Erst später sollte ihm allerdings bewusst werden, was ihn an den modernen arabischen Autoren störte und bis heute stört: Schami vertritt die These, dass diese Autoren den Kontakt zu ihren kulturellen und literarischen Wurzeln, zur jahrhundertealten mündlichen Erzählkunst Arabiens verloren haben und zu Nachahmern der westlichen Literatur aus Europa und den USA wie der Literatur aus Lateinamerika geworden sind. Aus diesem Grund versucht er, sich selbst früh auf die eigenen Wurzeln rückzubesinnen und nennt als einzige literarische Vorbilder: »Scheherazade als eine verwegene, mutige Erzählerin, die im Angesicht des Todes immer noch erzählen kann, und die anonymen Autoren und Autorinnen der Bibel, die so viel wussten und die schwerwiegenden Inhalte so spannend verpackten.«

So ist es nicht verwunderlich, dass ihn ein anderes literarisches Erlebnis seiner Jugend zutiefst beeindruckte und sein literarisches Selbstverständnis nachhaltig prägte: *Die Nächte mit Scheherazade.* Ende der 50er Jahre strahlte Radio Kairo Nacht für Nacht, jeweils für eine halbe Stunde, eine Lesung der *Märchen aus 1001 Nacht* aus. In langen Diskussionen kann Suheil seine Mutter dazu überreden, ihn jeden Abend um halb zwölf Uhr zu wecken, damit auch er zuhören kann. Schami denkt noch heute mit großer Freude daran zurück, wie er zusammen mit seiner Mutter im Dunkeln saß und auf die Scheherazade-Musik von Rimski-Korsakov wartete, die das Hörspiel einleitete;

Abu Nuwas (um 755–813), Sohn einer Perserin, geboren in Achwas, war Hofdichter am Hofe des Abassidenkalifen al-Amin in Bagdad und lebte damit zur Zeit des legendären Harun al Raschid. Bekannt ist er für seine Liebesgedichte auf Männer, weniger auf Frauen. Gleichzeitig gilt er als der bekannteste Weindichter. Rafik Schami bewundert in ihm den »bedeutenden Satiriker und Erneuerer der arabischen Literatur«.
Abu al Ala'al Maari (973–1058), geboren in Ma'arrat an-Numan, wurde zu seinen Lebzeiten als bedeutender Gelehrter verehrt. Heute gilt er als bedeutender philosophischer und auch religionskritischer Dichter; er ist einer der beiden Syrer unter den großen Dichtern der klassischen arabischen Epoche. Dazu Schami: »Abu al Ala'al Maari, ein Denker und Dichter, war blind und verfasste viele Juwe-

len der arab. Lit., darunter Jahrhunderte vor Dante eine Art *Göttliche Komödie (Rissalat al-Ghufran, Das Sendschreiben der Vergebung).*«
Khalil Gibran (1883–1931), Dichter und Maler, geboren in Libanon, gestorben im Exil in New York. Seine frühen Werke sind geprägt von Sozialkritik am Heimatland, seine späten Werke werden zunehmend philosophisch. Sein größter Erfolg ist ›*Der Prophet*‹, das bis heute auflagenstärkste Werk eines arabischen Autors. Die Meinungen über ihn gehen freilich auseinander: Die einen feiern ihn als radikalen Erneuerer der arabischen Literatur, die anderen kritisieren ihn als Autor stereotyper Erbauungsliteratur. Schami sagt zu ihm: »Khalil Gibran philosophierte und erneuerte die arabische Lyrik und Prosa, teilte mit mir das Exilleben und schrieb auch auf englisch.«

13 Mit Schul-
kameraden in
Schuluniform
1963/64
(in der Mitte
ohne Mütze)

beim Krähen des Hahnes, der immer an der spannendsten
Stelle das Ende anzeigte, eilte er wieder zurück in sein
Bett, wo er sich dann jedes Mal verschiedene mögliche
Fortsetzungen des Märchens ausdachte. Die Geschwister
waren wenig an Literatur interessiert und blieben daher
lieber in ihren Betten, auch der Vater, der ja als Bäcker
früh aufstehen musste, war zumeist schon eingeschlafen.
So sind die ›Nächte mit Scheherazade‹ für Schami in seiner Erinnerung auch eine intime Begegnung mit der arabischen Literatur und Kultur, die er zusammen mit seiner
Mutter durchleben durfte. Durch die literarische Formung
des Textes, durch das damals in Syrien noch wenig verbreitete Medium des Radios und durch die nächtliche
Atmosphäre gewinnt dieses Erlebnis eine besondere Faszination.

Auch der Mutter kommt eine wichtige Rolle in der literarischen Erziehung des Sohnes zu. Sieht der Vater seine
Aufgabe darin, den Sohn in der Rezitation der großen
arabischen Poeten zu unterweisen, durch die auch der
persönliche Stil einer möglichen eigenen Dichtung erlernt
werden soll, so ist die Rolle der Mutter, die ja Analphabe-
tin ist, eher passiver Natur. Durch sie wird der junge Suheil an die große und wichtige Tradition des oralen Erzählens herangeführt; schon als Kind hörte er der Gruppe
von Frauen, die im Hof zusammen sitzen, beim Erzählen

und Fabulieren zu. Im gemeinschaftlichen nächtlichen Lauschen auf die Radioausstrahlung der *Märchen aus 1001 Nacht* findet diese »Ausbildung« durch die Mutter ihren Höhepunkt.

Der Liebe zur Literatur und zum Buch verdankt Suheil seine Position als Klassenerster. In den Naturwissenschaften gehört er dem oberen Drittel an, doch besonders im Arabisch-Unterricht kann er dank seiner Begeisterung für das geschriebene Wort und der durch den Vater geförderten Begabung für die Rezitation klassischer Texte glänzen. Auch die Lehrer erkennen dieses Talent ihres jungen Schülers und fördern dessen Begabung im Arabischen, etwa indem sie ihm als Belohnung für gute Rezitation andere Hausaufgaben, z. B. Grammatikübungen, erlassen. Die Schule, in der Suheil vor einer »unglaublich frechen Klasse« rezitieren muss, wird dabei zur Feuertaufe für den Erzähler. Schami erinnert sich, dass er einer Gruppe gegenüberstand, »von der etwa $2/3$ andächtig zuhörte, $1/3$ jedoch aus Chaoten bestand, die nur aus dem Fenster schauten und Blödsinn machten«. Die Rezitation des auswendig gelernten Textes wird gefördert, die Entfaltung eigener Kreativität wird allerdings zunehmend unterdrückt. Die wachsende Militarisierung Syriens in den 50er und 60er Jahren macht sich auch in einer gewissen »Zensur« im Arabisch-Unterricht, in der Beschneidung von Phantasie und Kreativität in den Aufsätzen der Schüler, bemerkbar. Der Staat sieht die Aufgabe der Schule immer mehr auch darin, den jungen Menschen »die Flügel zu stutzen, lange bevor sie flügge waren« (*Hürdenlauf*, S. 8.) Zudem hat Suheil auch persönlich Pech mit einigen Lehrern der Oberstufe: »Die Literaturlehrer waren steif und nationalistisch, der Philosophielehrer war ein Hampelmann und der Geschichtslehrer ein Hysteriker.« Neben der Rebellion gegen den Vater ist dies einer der Gründe, warum sich der junge Suheil in der Schule und später im Studium gegen die Literatur und für die Naturwissenschaft entscheidet. Hinzu kam, dass zwei seiner Lehrer, der Mathematiklehrer Abu Schanab und der Physiklehrer

Marin, nicht nur zwei der »genialsten« Lehrer waren, sondern auch mit den Kommunisten sympathisierten. Das wirkte für den Schüler Suheil sehr anziehend.

Und so beginnt für ihn, der sich inzwischen als Autor versucht, eine Art »Doppelleben«. Für die Schule verfasst er konventionelle Aufsätze, die den Vorstellungen der Lehrer gerecht werden; Schami selbst bezeichnet sich als »Musterknabe in der Schule« (*Hürdenlauf*, S. 9). Zu Hause liest er weiterhin die Werke der Weltliteratur und macht insgeheim Schreibübungen. Er beginnt, surrealistische Texte und Märchen zu schreiben. Im Alter von fünfzehn Jahren verfasst Suheil sein erstes Theaterstück, *Die Buchstaben*, eine giftige Satire über die Alphabetisierungskampagne der Regierung. Bei dieser Arbeit hilft ihm sein Bruder Mtanios, »ein Gag-Schreiber par excellence«. Er schickt das Stück einem Redakteur, der im Rundfunk junge Autoren ermuntert, Texte zu schicken. Bald muss er seine erste Enttäuschung als junger Autor verkraften, als sein Stück, erst als Hörspiel, danach als Fernsehfassung, »etwas verfälscht und verwässert« unter dem Namen des Redakteurs gespielt wird. Schami verarbeitet diese negative Erfahrung später in seinem autobiographischen Jugendroman *Eine Hand voller Sterne*. Dort ist es der Freund des Helden, Mahmud, dessen Hörspiel *Die Buchstaben* von einem Redakteur gestohlen und unter dessen Namen gesendet wird. Der Held selbst hat mehr Glück, da er an einen ehrlichen Verleger gerät, dessen Ziel wirklich die Förderung der Jugend ist: Seine Gedichte erscheinen in einem Gedichtband junger Poeten. Schami verarbeitet in dieser Sequenz die Erinnerung an die eigene Enttäuschung. Gleichzeitig beschreibt er auf schöne Weise das Glück des Poeten oder Schriftstellers, zum ersten Mal das eigene Wort gedruckt zu lesen.

Wenig später lernt Suheil im neu gegründeten Club »seiner Gasse« den zehn Jahre älteren Fliesenleger Amin Mardini kennen. 40 Jahre später wird Schami diese entscheidende Begegnung in *Die dunkle Seite der Liebe* literarisch umsetzen. In seinem großen Roman, in der Kurzge-

14 Rafik
Schami in
seinem Zim-
mer beim
literarischen
Arbeiten
(1966)

schichte *Kassiber* und in *Eine Hand voller Sterne*, dort in
der Figur des Journalisten Habib, wird Schami Mardini
ein Denkmal setzen. Amin Mardini war Mitglied der KP
Syriens. Schami erinnert sich an ihn als »einen warmher-
zigen, witzigen und sehr belesenen Mann«, mit dem ihn
die Begeisterung für Autoren wie Amado, Camus und
Gorki verband und mit dem er sich zunächst über die gemeinsamen Lektüreerfahrungen austauschte. Durch den
gemeinsamen Lektüregeschmack ermutigt, wagt es Suheil, Mardini als erstem Erwachsenen seine Texte vorzu-
legen. Und statt den Jugendlichen auszulachen, wie dieser fürchtet, erkennt der literaturbegeisterte Kommunist
Mardini das literarische und essayistische Potential seines jungen Freundes und unternimmt es, Suheil in Sprache und Stil zu unterweisen; von ihm lernt Schami den
Grundsatz: »Je revolutionärer ein Text, umso verständ-
licher muss er sein.« (*Hürdenlauf*, S. 10). Von diesem Zeitpunkt an beginnt er, sich auch in der Schule schreibend
selbst zu verwirklichen.

Die Begegnung mit Amin Mardini bedeutet für Suheil
einen entscheidenden Schritt in der Loslösung von seinem Vater. Mardini übernimmt die »Ausbildung« Suheils in literarischem Stil. Während der Vater besonderen
Wert auf Pathos und Aussprache bei der Rezitation von
Lyrik gelegt hatte, so lernt Suheil nun von Amin Mardini
die Bedeutung von Klarheit und Präzision im Stil eines

Textes, dessen Botschaft möglichst viele Menschen erreichen soll. Diese Fähigkeiten setzt er wenig später bei Artikeln für die kritische Zeitung *al Scharara* ein, die er mit 18 Jahren, ein Jahr vor dem Abitur, zusammen mit vier anderen jungen Männern gründet. Die Änderung des literarischen Stils ist jedoch nur ein Aspekt der Loslösung vom Vater. Entscheidender ist, dass Suheil durch Mardini mit der Kommunistischen Partei Syriens in Kontakt kommt; obwohl er aus einem eher unpolitischen Vaterhaus stammt, tritt Suheil im Alter von 17 Jahren, etwa ein Jahr nach der ersten Begegnung mit Mardini, der Partei bei.

Obwohl er sich an keine Diskussion über Literatur in der Partei erinnern kann, eröffnet der Kontakt zu seinen Parteigenossen Rafik Schami, wie er sich nun nennt, auch neue Lektüreerlebnisse. Durch die Privatbibliotheken der Genossen lernt er international engagierte Autoren kennen: »Brecht, Lorca, Pablo Neruda, Nazim Hikmet und Louis Aragon, aber auch Simone de Beauvoir, Jean-Paul Sartre und Albert Camus verschlang ich. Unter den Franzosen mochte ich Camus sehr, den ich im Original lesen konnte, Sartre kam mir zu kalt vor.« *(Kindheitslektüre)*. Zur gleichen Zeit liest er englische Autoren, wie Shaw, Virginia Woolf und Maugham sowie Joseph Conrad, der ihn bis heute stark beeindruckt und mit dem ihn seit seinem Exil eine besondere Wahlverwandtschaft verbindet, weil auch der gebürtige Pole Conrad große Literatur in einer fremden Sprache schrieb. Obwohl die Parteiführung ein »eindimensionales Lesen« vorschrieb und ihren jungen Genossen lediglich Werke der Ökonomie und Philosophie zur Lektüre empfahl – schöne Literatur galt als »bürgerlich-dekadente Unterhaltung« – machte Schami in dieser Zeit erste Bekanntschaft mit Gorki, Tschechow, Dostojewski und Tolstoi. Gleichzeitig liest er Bücher über Ästhetik, politisches Bewusstsein oder die Rolle von Literatur im Widerstand gegen den Nationalsozialismus oder den Kolonialismus und legt damit den Grundstein für seine späteren politischen Essays, ebenso für den kritischen gesellschaftspolitischen Grundton all seiner Texte.

In dieser Zeit der Lösung vom Vater, die sich in einer Orientierung an eigenen literarischen und politischen Werten manifestiert, beginnt auch die emotionale Lösung von der Mutter. Suheil erlebt seine erste ernste Liebesbeziehung. In der Beziehung zum anderen Geschlecht hatte er Glück. Sehr früh hatte er als Kind zärtliche Kontakte zu den Mädchen seiner Nachbarschaft, denen er in seinen Romanen ein Denkmal setzt, so etwa in der Figur der Antoinette in *Die Dunkle Seite der Liebe*. Er durfte mit ihnen spielen und sogar bei ihnen übernachten. Die Eltern, vor allem die Mutter, genossen die Achtung und Liebe vieler Nachbarinnen, und so waren die Kinder ohne jede Aufsicht für sich alleine. In der Pubertät erfuhr er dann seine sexuelle Initiation im Kontakt mit einer erwachsenen Frau, die ihn »verführte« und in die Geheimnisse der Liebe einweihte, als er eines samstags in den Ferien Brote austrug. Von da an besuchte er sie, wenn ihr Mann verreist war. Ein abenteuerliches und lebensgefährliches Versteckspiel nahm seinen Anfang, denn der Ehemann war ein gewalttätiger Grobian. Doch beide, der junge Suheil und die Frau, die er später in *Hände aus Feuer* Salma nennen sollte und deren Namen er niemandem preisgibt, waren einander verfallen. Diese Liebe dauerte bis zu Suheils Abitur an. Dann musste ›Salma‹ mit ihrem Mann nach Kuwait auswandern. Diese Erfahrungen des jungen Mannes mit einer verheiraten Frau verarbeitet Schami später literarisch noch intensiver in der Beziehung Sadiks zur Seiltänzerin Mala *(Der ehrliche Lügner)*.

Politische Aktivität in Syrien

>»In den arabischen Ländern braucht man
nicht viel, um sozial engagiert zu sein.«

Mit 19 Jahren macht Rafik Schami Abitur und beginnt das Studium der Naturwissenschaften an der Universität von Damaskus. Er will Lehrer werden. Von nun an hat er den Wunsch, auch finanziell von seinem Vater unabhängig zu werden. Er wohnt zwar noch zu Hause bei den Eltern, in einem separaten Zimmer, doch seinen Lebensunterhalt möchte er sich selbst verdienen. Studiengebühren gibt es im Damaskus der 60er Jahre zwar nicht, doch sein Leben war gleichwohl relativ kostspielig, da der Kauf von Lehrbüchern, kleinen Geschenken und Aufmerksamkeiten für Freundinnen und die Unterstützung der Partei einige Ausgaben mit sich brachten. So beginnt er gleich nach dem Abitur, Töchtern und Söhnen reicher christlicher Familien Privatstunden zu erteilen.

Schamis Erinnerungen an seine Studienzeit in Damaskus sind ambivalent: »Die Einrichtung, die Uni und das

Das **Universitätssystem** orientierte sich im Syrien der 60er Jahre – wie auch das Schulsystem – an Frankreich. Das Studium der Naturwissenschaften dauerte vier Jahre. Jedes Jahr gab es eine Prüfung im Juni und eine Nachprüfung im Herbst. Das Notensystem bestand aus einer Skala von 0–100; hundert war die beste Note und man brauchte genau 50 Punkte, um eine Prüfung zu bestehen. Wer mehr als zwei Fächer nicht bestand, blieb sitzen, musste im nächsten Jahr jedoch nur diese Prüfungen wiederholen. Zur Universität wurde theoretisch jeder zugelassen, es gab jedoch eine Art Numerus Clausus, nach dem die Zulassung geregelt wurde, vor allem für die begehrten Fächer der Naturwissenschaften, Architektur, Medizin und Pharmazie.

Chemielabor waren technisch erster Klasse und in besserem Zustand als später die in Heidelberg. Aber die Lehre ist furchtbar; Wert wird nur auf das Auswendiglernen gelegt, keine Neugierde, keine Fragen sind erwünscht.« Auch eigenständiges Arbeiten wird von den Dozenten der Universität nicht gefördert. Schami nahm am Umweltprojekt einer Gruppe teil: »Die Seifenindustrie hatte den kleinen Fluss in Damaskus verschmutzt und wir wollten sehen, ob man das nicht chemisch lösen kann. Es war naiv und wir hätten nichts erreicht.« Das Projekt wurde schließlich verboten, weil niemand in der Gruppe Mitglied der Baath-Partei war.

Besonders fasziniert ist Schami von der Mechanik; er besorgt sich sogar Lehrbücher aus Paris, um auf Französisch weiterlernen zu können. Aber gerade in diesem Fach erhält er nach einem Konflikt mit dem Dozenten die schlechtesten Noten: »Ich wollte eigenständiger arbeiten, nicht mehr nur Auswendiglernen, sondern die Formeln auch ableiten.« So wird sein Lieblingsfach Mechanik I zu seinem persönlichen »Sisyphus«, wie die Damaszener Studenten die Fächer nannten, bei deren Prüfungen sie immer wieder durchfielen. Schami schneidet bei den Prüfungen meist durchschnittlich ab. Dank seines guten Gedächtnisses bewältigt er das Lernpensum, das vor allem aus Auswendiglernen besteht, trotz seiner vielen Nebentätigkeiten gut.

Im dritten Jahr seines Studiums beginnt Schami mit seiner Lehrertätigkeit in einer Schule im Süden Syriens: »Für Lehrer gibt es natürlich eine Pädagogikabteilung, aber wir von der Naturwissenschaft durften auch ohne diese Qualifikation ab dem dritten Jahr unterrichten, weil viele Naturwissenschaftler nach Saudi-Arabien, Kuwait etc. geflüchtet waren, wo sie durch den Erdölboom das Zehnfache verdienen konnten. Ohne uns wäre das Schulsystem zusammengebrochen.« In *Die dunkle Seite der Liebe* verarbeitet Schami seine Erfahrungen als Lehrer; wie der Protagonist Farid wird er nach einer Anzeige beim Geheimdienst in eine Schule an der Grenze zu Israel, und damit an die Front, strafversetzt und erlebt dort eine völlig andere Welt: »Ich kam jede Woche zwei Tage nach Damaskus. Einen verbrachte ich heimlich mit meiner Freundin und einen mit meiner Familie. In diesen zwei Tagen erledigte ich das Nötigste an der Uni und verschwand wieder für fünf Tage an die Front zu meinen geliebten Schülern. Ich habe meine Schüler wirklich geliebt und sie mich auch, weil ich mich um ihr Leben kümmerte und sie vor einem sadistischen Schulleiter schützte.«

Schamis Leben während der Studienzeit ist von vier Konstanten geprägt: Er lebt das Leben eines »normalen« Studenten, besucht Vorlesungen und Seminare und bereitet sich auf die Klausuren vor, die er größtenteils problemlos besteht. Er lebt das Leben eines Lehrers, der sich um seine Schüler kümmert, für die sich sonst niemand Zeit nimmt. Er lebt das Leben eines jungen Mannes, der die eine oder andere Liebesaffäre hat. Und schließlich lebt er das Leben eines Oppositionellen im Untergrund.

Eine indirekte Politisierung begann in der Kindheit, die in eine Epoche wechselnder Diktaturen fällt. Der erste Putsch findet statt, als Suheil drei Jahre alt ist. In den darauf folgenden Jahren erlebt er siebzehn Militärputsche und 40 verschiedene Regierungen, bis Hafiz al Assad im Jahre 1970 die Macht übernimmt und dem Land eine gewisse Ruhe bringt, die allerdings nur durch Einschüchterung der Bevölkerung und oft grausame Unterdrückung

»Noch Jahre später hatte ich Alpträume davon. Um sechs Uhr morgens wachten wir auf. Soldaten, Agenten des Geheimdienstes in Einheitskhaki und merkwürdige Zivilisten hatten unsere sowie andere Dächer der Nachbarhäuser besetzt. Die Straße wurde von bewaffneten Männern abgesperrt. Der Anführer sprach einen ägyptischen Dialekt. Hinter der Sperre konnten wir beobachten, wofür dieser Aufwand getrieben wurde: Ein kleiner ausgemergelter Arbeiter kam in seinem ärmlichen Pyjama unter den Schlägen von zwei Riesen aus seinem Haus. Er sei Kommunist, flüsterten die Nachbarinnen. Seine alte Mutter hing einem der Offiziere an der Jacke und schrie um Hilfe, aber keiner half ihr.«

der Gegner erreicht wird. Die Putsche bedeuteten für die syrischen Kinder einschneidende Erlebnisse, die mit gemischten Gefühlen der Angst vor Militär und Panzern und der kindlich-naiven Freude wegen der gewonnenen freien Schultage verbunden waren. Neben dem freien kindlichen Spiel auf »seiner Gasse« erinnert sich Schami heute auch an eine Kindheit, die geprägt war von »Panzern, die rollen, und Putschen, die schulfrei machen«, und er klagt an, dass Kindern, die wie er in der Militärdiktatur aufwachsen, ein Teil ihrer Kindheit geraubt wird.

Ein Erlebnis, das schon dem dreizehnjährigen Suheil bewusst werden lässt, was Diktatur und Schreckensherrschaft bedeuten, ist die Verhaftung seines Vaters, die vor seinen Augen stattfindet. Ibrahim Fadél bleibt auf Grund einer Verwechslung, so die Version der Behörden, einige Tage in Haft und wird dort misshandelt und gefoltert. Für die Familie und die Nachbarschaft ist klar, dass es sich um die wahllose Verhaftung einer der Bewohner des Viertels und damit um einen Akt der Einschüchterung der Bürger handelt. Als der Vater krank und geschwächt zurückkehrt, sieht Suheil zum ersten Mal nur den Vater, den er liebt, und nicht den Patriarchen, den er fürchtet. In *Eine Hand voller Sterne* wird Schami diese Erfahrung in eindrucksvoller Weise schildern und verarbeiten.

Ein entscheidender Schritt zur direkten Politisierung fand in der Klosterschule im Libanon statt. Die Begegnung mit dem Urchristentum, das Studium der Lehren Jesu sowie eine tiefe Faszination durch die Lehre der Nächstenliebe führen Suheil zum Sozialismus. Gleichzeitig bewirkt der Aufenthalt unter den Mönchen und der direkte Kontakt zu den katholischen Würdenträgern eine Distanz zur offiziellen Kirche, die allerdings nicht mit einer Distanz zu Gott zu verwechseln ist. Suheil entwickelt einen eigenen kirchenunabhängigen Glauben, der gespeist ist aus einer Nähe zu Jesus und Maria, die ihn seit seinen Kindertagen begleitet. Er verachtet die Kirchenoberhäupter für ihre Nähe zum Staat und ihre Unterwürfigkeit gegenüber der staatlichen Obrigkeit, auch wenn er heute weiß, dass eine gewisse Anpassung der Kirchenleitung eine Notwendigkeit zum Schutz der christlichen Minderheit im muslimischen Land darstellt. Auch als Kommunist und als späteres Mitglied der KP verliert er seinen Glauben nicht und führt »Gespräche« mit Jesus, in denen er seine Gewissensbisse bekämpft und ihn seines ungebrochenen Glaubens versichert: Er verfolge weiterhin seine Sache, aber auf einem anderen Weg.

Schamis Elternhaus war apolitisch; der Vater ist der Auffassung, dass Politik in Arabien lebensgefährlich sei. Er ist ein interessierter Mann, der sich über Geschichte und die internationale Politik informiert, doch die Information über die aktuelle Tagespolitik, die Äußerung von politischer Meinung oder gar die Teilnahme an politischen Aktivitäten in seinem eigenen Land meidet er, auch aus Angst vor der Diktatur. Für ihn gilt der Grundsatz: »Politik ist Lebensvernichtung.« Doch Schami wird erwachsen in einer Zeit der weltweiten Politisierung gerade auch der Jugend. Es ist die Zeit der Bürgerrechtsbewegung in den USA, der Studentenrevolte der ›68er‹ in den USA und auch in Europa, und die Zeit des Aufstandes und der Befreiung der ehemals Kolonialisierten von ihren vormaligen Herrschern: »Die Revolte der Algerier, der Schwarzen, Frauen und Studenten und die Befreiungsbewegung in der sogenannten Dritten Welt erschütterten das Bewußtsein der Menschen.« (*Hürdenlauf*, S. 12). Angeheizt wird diese Stimmung weltweit durch den Vietnamkrieg, der zu einem Stellvertreterkrieg der USA gegen den Kommunismus und die zweite Weltmacht UdSSR wird. Dieser Krieg, in dem die USA auch brutal gegen die Zivilbevölkerung vorgehen, führt in der westlichen Welt zu einer ersten Relativierung des Bildes vom »guten Amerikaner« und verstärkt in den armen Ländern der Welt den Hass auf die Supermacht.

Der Nahe Osten wird zunehmend geprägt vom Konflikt Israels mit Palästina und den arabischen Staaten; 1965 beginnt der bewaffnete palästinensische Widerstand gegen Israel. Die PLO (= *Palästinensische Befreiungsorgani-*

sation), zunächst eine kleine Randgruppe, steigt unter ihrem Führer Yassir Arafat zu einem der mächtigsten politischen Faktoren in Arabien auf. Im Sommer 1967 erlebt die arabische Welt eine schmachvolle Niederlage, als die Israelis die Araber im so genannten »Sechs-Tage-Krieg« besiegen; Syrien verliert in diesem Krieg den größten Teil der strategisch wichtigen Golanhöhen. Eine Folge dieser Niederlage gegen Israel ist die vorübergehende Lockerung der Zensurbestimmungen durch die arabischen Regime und eine größere Freiheit für die Bürger der arabischen Länder; dieser Zustand dauert allerdings nur etwa zwei Jahre an und endet, als die Herrscher ihr altes Selbstbewusstsein wieder aufgebaut hatten.

In dieser weltweit explosiven politischen Stimmung der 50er und 60er Jahre lernt Suheil 1962 den Kommunisten Amin Mardini kennen, der ihn mit den Lehren der Sozialisten und Kommunisten vertraut macht und damit seine endgültige politische Initiation bewirkt. Der Beitritt des damals siebzehnjährigen jungen Mannes zur KP ist auch als Rebellion gegen den Vater zu verstehen, nicht zuletzt weil dieser Kommunisten hasste (obwohl auch er in seiner Jugend mit ihnen sympathisiert hatte). Früh liest Schami als eine seiner ersten sozialistischen Lektüren *Der Ursprung der Familie, des Privateigentums und des Staats* von Engels, und er ist fasziniert von der Idee, dass Familie und Sippe verschwinden werden; er versteht es in seiner jugendlichen Auflehnung gegen den eigenen Vater so, dass der Vater abgesetzt werden soll. Doch schon bald muss Schami seinen Irrtum erkennen, als er die ebenfalls patriarchalische Struktur der Partei durchschaut: Der Stalin-Kult des real existierenden Kommunismus ist nichts anderes als Vaterkult und der Zellenvorsitzende in der syrischen KP übernimmt die Rolle eines Vaters seiner Parteimitglieder.

Von seiner Mitgliedschaft in der KP wissen in Schamis Umkreis zunächst nur »meine drei Freunde, mit denen ich sehr offen gearbeitet und gelebt habe, meine Mutter und meine Schwester Marie«. Die Mutter hat Angst um den Sohn, auch weil sie erkennt, dass Suheil seine idealistischen

Vorstellungen nie wird verwirklichen können; sie weiß, dass solche Menschen in der Partei nur leiden. Vor dem Vater sucht er seine Arbeit im Untergrund zu verheimlichen, doch durch einen unglücklichen Zufall erfährt dieser davon: »Es kam zu einem großen Krach, bei dem meine Mutter zu mir stand und meinem Vater drohte, wenn er mich verstoßen wollte, werde sie mitgehen. Da ist er leise geworden.« Diesen offenen Konflikt mit dem Vater verarbeitet Schami viele Jahre später in der Auseinandersetzung Farids mit Elias Muschtak in *Die dunkle Seite der Liebe*.

Ein wichtiger Aspekt der Arbeit im Untergrund ist die politische Aufklärung und Aufrüttelung des Volkes. 1961, im Alter von 15 Jahren, hatte der junge Suheil das kurze Aufblühen von Demokratie erlebt, als sich nach demokratischen Parlamentswahlen unter Nazim al-Kudsi eine freie Zivilregierung bildete. Die Syrer erinnerten sich ihrer arabischen Kultur des Wortes, und plötzlich, wie über Nacht, entstanden in Damaskus 20 bis 30 verschiedene Zeitungen. Auch aus dieser Zeit weiß Schami um die Bedeutung des geschriebenen Wortes für die Politisierung des Volkes. 1964 gründet er zusammen mit zwei Kommunisten und zwei weiteren Freunden *al Scharara (= Der Funke)*, eine »freche, lebendige, aufklärerische Jugendzeitschrift von acht Seiten« (*Hürdenlauf*, S. 11); die vier Jungautoren verstehen ihre Zeitschrift als eine Art jugendlichen Gegenentwurf zum offiziellen Parteiorgan *Nidal al Scha'b (= Kampf des Volkes)*. Allerdings wird die Zeitschrift von der Partei verboten; als Gründe werden vom ZK angegeben, dass sie zu viel Sexualität enthalte, die Artikel zu rücksichtslos gegen die Religion und der Literaturteil zu elitär seien. Im Vorspann zu seinem Roman *Milad* gibt Schami ein Gespräch mit einem »revolutionären« Verleger wieder, der den Text aus genau diesen Gründen ablehnt; später schildert er eine solche Sitzung der Parteizensoren in *Die dunkle Seite der Liebe*. Aber die jungen »Journalisten« lassen sich nicht einschüchtern, und die von der Partei verbotene Zeitung ist lediglich der Vorgänger der Wandzeitung *al Muntalak*, die Schami 1966 außerhalb der Partei gründet und leitet. Hier versucht Schami seine Ideale als junger Christ und junger Kommunist zu formulieren. Im Spätsommer 1969 wird Schami die Herausgabe auch dieser Zeitung – diesmal durch den Geheimdienst – verboten.

Das Thema der Zensur und der erzwungenen Stummheit in Syrien verarbeitet Schami später unter anderem in der Figur des Journalisten Habib in *Eine Hand voller Sterne*. Bei Habib führen die Restriktionen der staatlichen Zensur kurzzeitig zu einer Flucht in die Fiktion und die Vergangenheit: Er wendet sich vom Journalismus ab und beginnt mit der Übersetzung französischer Literatur. Doch auch die Übersetzung von Texten, die in Europa die Auf-

»Am 14. September 1961 putschten ein paar Offiziere und erklärten die Union mit Ägypten für nichtig. Die Leute tanzten auf der Straße, denn die Union unter dem ägyptischen Präsidenten Nasser brachte Syrien nur Folter und Bespitzelung durch den Geheimdienst. All das wurde durch die Propaganda des populistischen Präsidenten Nasser verdeckt, der nur lange inhaltsarme Reden hielt, mit denen er die schwachsinnigen Nationalisten in Rausch versetzte: ›Was will Großbritannien von uns haben? Meinen Schuh gebe ich dem Premier.‹ Und genauso sah es auch mit seiner Wirtschaftsplanung aus: leere Sprüche eines primitiven Offiziers. Dieser Typ von Herrscher sollte sich in Arabien noch heuschreckenartig vermehren. Ich hasste das Regime, das meinen Vater, einige Nachbarn und Verwandten grundlos folterte, Faragallah al Hilu, einen libanesischen Intellektuellen und Kommunisten, tötete und in Salzsäure auflöste und zum ersten Mal in der Geschichte meines Landes Menschen wegen ihres Glaubens oder Denkens in KZ-ähnlichen Lagern zu Tode foltern ließ.
Ich war bis in die letzte Zelle meines Hirns in eine junge Frau verliebt und sang die Verse eines Dichters aus Malula: ›Haben wir dir nicht gesagt, o Sarrag, / Regieren mit der Peitsche taugt nichts.‹ Sarrag war ein charakterloser Syrer, der es vom kleinen Unteroffizier zum Geheimdienstchef brachte, und als das Volk gegen seine Folterer rebellierte, ernannte ihn Präsident Nasser zu seinem Vize.«

klärung und damit den Sturz des Absolutismus eingeläutet haben, kann für einen Umschwung in den totalitären Regimen der Gegenwart von entscheidender Bedeutung sein; sie kann daher als eine indirekte politische Arbeit bezeichnet werden. Bald kehrt Habib jedoch wieder in die Gegenwart zurück, er hilft dem Protagonisten und seinem Freund, angesteckt durch deren jugendlichen Elan, bei der Herausgabe und Verbreitung der ›Sockenzeitung‹, die mit kritischen Artikeln, politischen literarischen Texten und provozierenden Fragen das syrische Volk wachrütteln soll; bald wird durch die Veröffentlichung einzelner Artikel der ›Sockenzeitung‹ in *Le Monde* die Welt auf das Unrecht und das Elend der Menschen in Arabien aufmerksam gemacht. Schami verknüpft hier geschickt die Untergrundarbeit, wie er sie selbst erlebt hat, mit der Darstellung von (jugendlichen) Größenphantasien, die jedoch vermutlich notwendig sind, um die Welt zu verändern. Der Roman endet in Verzweiflung: Habib wird verhaftet und es wird angedeutet, dass er wahrscheinlich in den Folterkellern der Regierung zu Tode kommen wird. Vielleicht verarbeitet Schami hier seine jugendliche Vorstellung, dass es romantisch sei, für Ideale zu sterben. Doch das letzte Kapitel ist auch voller Hoffnung: Die drei Jugendlichen – inzwischen gehört auch Nadja, die Freundin des Protagonisten, zur Redaktion – lassen sich nicht einschüchtern, sondern verfolgen ihr Ziel der Demokratisierung Syriens weiter. Und so lautet der letzte Satz: »Habib braucht die Zeitung. Wir werden den Militärs zeigen, wie viele Habibs dieser gefangene Journalist zur Welt gebracht hat.« (*Eine Hand voller Sterne*, S. 200).

Schami hat in seiner Jugend die Zensur sowohl des Staates als auch der eigenen Parteigenossen erlebt. Das Verbot der ersten Zeitung ist auch ein Auslöser dafür, dass Schami einer oppositionellen Gruppe innerhalb der KP beitritt; aus dieser Gruppe entsteht in wenigen Jahren eine alternative KP, die jedoch bald zu den gleichen Intrigen und Machenschaften der alten Partei zurückkehrt: »Mein Austritt war eine bittere Notwendigkeit.« (*Hürdenlauf*, S. 12)

Emigration und erste Jahre in Deutschland

»Es sind die Gassen meiner Sehnsucht.«

Während der Mitgliedschaft in der KP Syriens baut sich bei Rafik Schami zunehmend ein Interessenskonflikt zwischen dem eigenen politischen Engagement und der geforderten Unterordnung unter die Parteiführung auf. In seinen Artikeln für *al Scharara* und später für *al Muntalak* versucht der junge Genosse seinen Hunger nach literarischer Tätigkeit, in der auch die eigenen, von der Lehre der Partei unabhängigen, politischen Utopien umgesetzt werden können, zu stillen. Dies kann von der autoritären Parteiführung allerdings nicht geduldet werden. Die Folge ist das Verbot seiner Zeitschrift. Doch dieses Verbot führt nicht, wie vom ZK gewünscht, zur Disziplinierung des jungen Genossen, sondern befördert dessen Skepsis gegenüber einer Partei, in der er vormals seine Ideale von Freiheit und Gleichheit aller Menschen verwirklicht sah. Diese offene Auseinandersetzung mit der Parteiführung, noch mehr jedoch der innere Konflikt mit den wahren Zielen der Partei, sind zwei von vielen Gründen für Schami, sein Land zu verlassen. Neben der Zensur durch die eigene Partei ist es die Zensur durch den Staat, die Schami zu diesem folgenreichen und in der Rückschau vielleicht endgültigen Schritt veranlassen: In seinem Heimatland, das ihm die Kreativität zu beschneiden sucht und ihn seiner Berufung als Dichter und Schriftsteller beraubt, droht Schami nach eigenen Worten zu »ersticken«. Der tatsächliche Zeitpunkt seiner Emigration ergibt sich aus einem dritten, dem vermutlich wichtigsten Grund: »Ich wollte keinen Militärdienst leisten. Es war für mich klar, sie werden mich in der Armee zerstören, weil ich mich weigern würde für das Regime Waffen zu tragen.« Eine Verweigerung des Militärdienstes ist unter der Militärdiktatur unmöglich. Im Juli 1970 beendet Schami nach vier Jahren sein Studium der Naturwissenschaften. Doch damit ist für ihn die »Schonfrist«, die die Ausbildung gewährt, beendet: Im November, spätestens Dezember, soll er zum Militärdienst eingezogen werden; es bleiben ihm so lediglich drei bis vier Monate, um das Land zu verlassen. Und so schreibt er verschiedene ausländische Universitäten, in Frankreich und Deutschland, in den USA und Australien, an, um einen Studienplatz und damit eine Aufenthaltsgenehmigung zu erlangen.

Die letzten Monate in seinem Heimatland sind geprägt von widerstreitenden Gefühlen: »Große Angst vor dem, was in der Fremde auf mich wartete. Trauer, da ich sehr an meiner Mutter hing (und immer hängen werde, solange ich lebe) und Wut darüber, dass keiner mir helfen konnte oder wollte.« So wird Schami die Flucht auch dadurch erschwert, dass er der erste in der Familie war, der emigrierte, und es deshalb niemanden im Ausland gab, der ihm helfen konnte. Das vorherrschende Gefühl ist jedoch eine »große, alles überlappende Furcht«, seine Flucht könnte im letzten Moment verhindert werden, es könnte ein Verbot gegen seine Ausreise ausgesprochen werden. Als er über verschlungene Umwege erfährt, dass er bereits beim Geheimdienst registriert ist, wählt er schließlich den verhassten Weg der Bestechung und besorgt sich für teures Geld einen Pass. »Der Pass war echt, doch viel Geld war notwendig, um ihn ohne die Genehmigung des Geheimdienstes zu bekommen. Ohne Bestechung wäre ich nie aus dem Land gekommen.« Wie sein literarisches alter ego Farid in *Die dunkle Seite der Liebe* wählt er bei seiner Emigration den Weg über den Libanon. Am 14. Dezember 1970 flüchtet Schami über den Landweg von Damaskus nach Beirut, von wo aus er nach dreimonatigem Aufenthalt am 18. März 1971 mit einer Maschine der Linie Interflug nach Ost-Berlin ausreist, ausgestattet mit einem Visum und einer Zulassung der Universität Heidelberg.

Während des Aufenthalts in Beirut hatte Schami die Zulassung der Ruprecht-Karls-Universität Heidelberg erhalten. Heidelberg war die erste Universität gewesen, die auf seine Bewerbung reagiert hatte; da es schnell gehen musste, nahm Schami dieses Angebot sogleich an, obwohl er aus sprachlichen Gründen lieber in ein französisch- oder englischsprachiges Land emigriert wäre. Und so reist er gleich am nächsten Morgen – »nach einem scheußlichen Frühstück« – von Ost-Berlin mit dem Bus nach West-Berlin, von wo aus er am 19. März mit einer englischen Maschine weiter nach Frankfurt fliegt. Die letzte Strecke seines langen Weges von Damaskus nach Heidelberg, von der Diktatur in die Freiheit, legt Schami mit der Eisenbahn zurück: »Es war ein Bummelzug, und ich bin bei jeder Station aufgestanden und fragte meine Nachbarn im Abteil: Heidelberg? Sie lachten.« Ihren endgültigen Abschluss findet die Reise in der Fahrt mit »der wackligen Straßenbahn Nr. 1« zum Studentenwohnheim

»Es war eiskalt. Ich verließ weinend unser Haus. Ich sollte so unauffällig wie möglich meine Gasse verlassen. Ich stieg mit meinem Vater und meinem besten Freund Amin Mardini an der Haustür ins Taxi und wir fuhren ins Zentrum der neuen Stadt, wo Taxis standen, die nach Beirut fuhren. Ich verabschiedete mich schnell und stieg in das nächste Sammeltaxi. Ich winkte ein letztes Mal, bevor unser Taxi um die Kurve fuhr. Der Chauffeur kassierte erst das Geld und fuhr etwa zehn Kilometer, um uns dann mitzuteilen, sollte einer von uns ›an der Grenze hängen bleiben‹, bekomme man nichts zurück.

An der Grenze fegte ein eisiger Wind die Straße leer, auch die Grenzposten hatten keine Lust. Der Chauffeur überreichte ihnen unsere Pässe, die alle in Ordnung waren und allen die Erlaubnis gewährten, in den Libanon zu reisen. Ich traute meinen Ohren nicht. Der Soldat gab die Papiere zurück und winkte weiter, ›Vergiss nicht dein Versprechen‹, sagte er dem Taxifahrer. Das waren Zigaretten, wie uns der Chauffeur erklärte. Ich klatschte lachend in die Hände und rief unbeabsichtigt laut: ›Ihr kriegt mich nicht, Hurensöhne.‹ Mein Nachbar, ein dürrer Mann von etwa sechzig Jahren, warf einen angeekelten Blick auf mich und rückte von mir weg.«

im Heidelberger Neuenheimer Feld. Wie erwartet und er-
hofft trifft Schami einige arabische Studenten, die ihm für
die ersten Tage im Wohnheim ein Gastzimmer mit zwei
Betten besorgen. Sein Mitbewohner war ein Iraker, der
bereits einige Katastrophen überlebt hatte und an Verfol-
gungswahn litt. Schami konnte die ganze Nacht nicht
schlafen und hörte dem Iraker zu, der immer wieder
Agenten im Stock über ihnen vermutete und ängstlich
um Beistand bat; erst in der Morgendämmerung über-
wältigte ihn die Müdigkeit. Schamis Gepäck bei dieser so
bedeutenden Reise besteht aus einem Koffer mit unge-
fähr zwanzig Kilogramm Inhalt. Davon sind etwa fünf
Kilogramm Skripte und Hefte mit Geschichten, Märchen
und Romanentwürfen, der Grundstock für seine literarische Karriere in Deutschland, die sieben Jahre später mit
Andere Märchen beginnen sollte. Zudem hat er Trocken-
früchte, französische Zigaretten sowie eine Flasche Oran-
genblütenöl, die ihm seine Mutter geschenkt hatte, im
Gepäck.

Das Wissen, das Schami über seinen neuen Studienort
und seine zukünftige Heimat mitbringt, ist nicht sehr
groß. Das Wenige, das er weiß, speist sich aus der Lektüre oft schlecht übersetzter deutscher Klassiker. Seine
sprachlichen Kenntnisse beschränken sich auf das Wort
»jawohl« und den Satz »ich liebe dich«. Doch Schami
lernt schnell, wobei ihm zugute kommt, dass er zwei-
sprachig aufgewachsen ist: Die Sprache seines Elternhauses war Aramäisch, die Sprache »seiner Gasse« und später der Schule war Arabisch. Auch der harte Drill in der
Klosterschule, in der der junge Suheil nach kurzer Zeit
gezwungen worden war, nur noch Französisch zu sprechen, erweist sich im Nachhinein als gutes Sprachtrai-
ning. Deutsch wird nun nach Französisch und Englisch
die dritte Fremdsprache, die Schami erlernt.

Seine Fähigkeit, offen und ohne falschen Stolz auf andere Menschen zuzugehen, ist ihm dabei hilfreich: »Ich
habe in den ersten Wochen in einem kleinen Supermarkt
eingekauft und mir von den anderen Studenten die deut-

schen Worte aufschreiben lassen, wie die Dinge alle heißen. Aber nach ein paar Wochen konnte ich schon ganze Sätze aussprechen (und damit mehr angeben und Eindruck schinden, als ich in Wahrheit konnte).« So erlernt Schami die deutsche Sprache zunächst im Kontakt mit seinen Kommilitonen im Studentenwohnheim. Nach kurzer Zeit entwickelt sich eine Liebesbeziehung, in der er die menschliche Wärme wieder findet, die ihm das Exil scheinbar endgültig genommen hat, und in der er zugleich in die Geheimnisse der deutschen Sprache eingeführt wird. Stundenlang sitzt die junge Frau mit ihm zusammen, lässt sich aus der Zeitung vorlesen und korrigiert auf Schamis Bitte hin gnadenlos seine Aussprache. Einen Monat später, mit Beginn des Semesters, besucht Schami dann einen offiziellen Sprachkurs am Dolmetscher-Institut der Universität. Rückblickend betrachtet er allerdings seinen ersten Monat in Deutschland und den Sprachunterricht seiner Freundin als den wichtigsten Schritt beim Erlernen der deutschen Sprache. In dieser Zeit lernt er die wichtigsten Regeln der Grammatik; von Tag zu Tag macht er im Gespräch mit seiner Freundin große Fortschritte und gewinnt so die nötige Sicherheit in der noch fremden und ungewohnten Sprache. Bis heute erinnert er sich an seinen Zorn, als ihn seine damalige Hauswirtin dazu auffordert, den »Damenbesuch« zu unterbinden: »Sie ahnte nicht, dass sie mit ihrer engstirni-

15 Blick aus dem Fenster auf den Neckar (Heidelberg Mitte der 70er Jahre)

gen Moral meinen Eingang zur deutschen Sprache versperren wollte. Ich verließ das Zimmer im Pfaffengrund bei Heidelberg (was für ein herrlich passender Name) und hinterließ einen lächerlich pathetischen Brief, in dem ich der Dame erklärte, lieber sterbe ich, als auf meine Freiheit zu verzichten.«

Schami bezeichnet in seiner Rede *Hürdenlauf* »die Sprache« als eine der Hürden seines Lebens. Allerdings hat er diese enorme Herausforderung mit Bravour gemeistert. Er ist sowohl privat, als auch in seinem Beruf als Schriftsteller vor der »Hürde Sprache« nicht davongelaufen, sondern hat sie in elegantem Sprung genommen. Damit hat Schami nicht nur seine eigenen Lebensbedingungen im fremden Land verbessert, sondern er hat dadurch, dass er bei seinem Hürdensprung Elemente seiner Muttersprache mitnimmt, auch die deutsche Sprache bereichert. So ist die Literatur Schamis von einer bildkräftigen Metaphorik und mitunter von leichter sprachlicher Verfremdung geprägt.

Nicht nur die fremde Sprache und die erzwungene Stummheit machen dem jungen Exilanten zu schaffen. Ihm fehlen die Familie, die Freunde und die warmherzige Atmosphäre »seiner Gasse«. Den relativ kalten gesellschaftlichen Umgang der Mitteleuropäer, der so anders ist als der offene und herzliche Umgang der Menschen in Damaskus, muss er erst erlernen. Ebenso muss er lernen, mit den Vorurteilen auch der freundlich gesinnten Deutschen umzugehen. Die Deutschen, deren Gesellschaft im Kontakt mit den so genannten Gastarbeitern erst langsam die Charakteristika eines Einwanderungslandes erhält, sind den Umgang mit Migranten fremder Kulturen noch nicht gewöhnt. In seinem Essay *Die Wüste im Herzen* beschreibt Schami einige Szenen mit seinen studentischen Freunden Fritz und Sonja, die das Unverständnis und die Unwissenheit auch der akademischen und gebildeten Kreise gegenüber Arabien illustrieren: »Nach einer langen Diskussion waren Fritz und Sonja der Meinung, ich sei kein richtiger Orientale. ›Warum?‹ fragte ich. ›Weil du

16 Während der Studentenzeit

immer ruhig und pünktlich bist und lange überlegst, bevor du eine Antwort gibst‹, sagte Fritz sicher. Er habe andere Orientalen kennen gelernt, die dauernd aufbrausen
würden, ›und wenn sie lachen, da wackelt die Bude. Und
Termine kennen die Brüder nicht‹.« Szenen wie diese gehören überall auf der Welt zum Alltag eines Fremden;
ebenso wird der Fremde immer und überall mit offenen
Anfeindungen konfrontiert werden. Als Angehöriger der
Minderheit der aramäischen Christen im muslimischen
Land weiß Schami allerdings, dass es sich selten um individuelle Ablehnung oder Diskriminierung handelt. Vielmehr ist es zumeist die Unterdrückung des Schwächeren
durch den Stärkeren und damit eine Demonstration der
Macht. Dazu kommt eine natürliche, dem Menschen innewohnende Angst vor dem Fremden, die nur durch einen zivilisatorischen Akt der Anstrengung und Erziehung überwunden werden kann. Von klein auf an den
Minderheitenstatus gewöhnt, erwartet der junge Schami
auch bei seiner Ankunft im fremden Land nicht, mit offenen Armen empfangen zu werden. In diesem Punkt hat
er es leichter als andere Migranten, die als ehemalige
Mitglieder einer Mehrheit plötzlich der Minderheit der

Ausländer angehören und an der ungewohnten Erfahrung der Zurückweisung und des Ausgeschlossenseins nicht selten erkranken. Schami hat diese Zusammenhänge, die Krankheit in der Fremde und die Möglichkeiten der Heilung, theoretisch und autobiographisch in seinem Essay *Die Wunderpille ist Zuhören* beschrieben. Er verarbeitet hier auch seine Erlebnisse als Ausländerreferent der Heidelberger Evangelischen Studentengemeinde (ESG), wo es ab 1976 seine Aufgabe war, in Krisen geratene Ausländer, vor allem Perser, Palästinenser und Vietnamesen, zu betreuen.

Die eigenen Erfahrungen der Emigration, des Abschieds von der Heimat, der anfänglich fast nicht auszuhaltenden Sehnsucht, der Angst vor der Entwurzelung und schließlich der stetig und unvermerkt zunehmenden Heimischwerdung im neuen Land bearbeitet Rafik Schami etwa dreißig Jahre später im Roman *Die Sehnsucht der Schwalbe*. In der Geschichte von Lutfi, der einer Schwalbe gleich zwischen Syrien, der Heimat des Kindes, und Frankfurt, der Heimat des jungen Mannes, hin und her pendelt, spiegelt sich das Bewusstsein des Exilanten Schami, dass sich seine Geburtsheimat Syrien durch die lange Abwesenheit und die neuen Erfahrungen im Westen in zwei Länder teilt: In die Orte seiner Kindheit, die in seiner Phantasie weiterleben und die mit den Jahren zudem immer schöner und prächtiger werden, und in das reale Damaskus und Syrien, die sich in den dreißig Jahren sowohl faktisch als auch in der emotionalen Bindung und Bewertung so verändert haben, dass ein Leben dort nicht mehr vorstellbar ist. In der üblichen Leichtigkeit und Eingängigkeit geschrieben, deretwegen die Texte Rafik Schamis so beliebt sind, hat der Roman dennoch eine melancholische Grundnote: Schami erzählt hier die Geschichte eines heimatlosen jungen Mannes, der sich in seiner alten Heimat nicht mehr wohl fühlen kann, da er etwas Neues und Anderes kennen gelernt hat, das ihn von seinen Wurzeln entfremdet hat; seine schöne Kindheit ist nur noch eine angenehme Erinnerung. Gleichzeitig ist es Lutfi aber verwehrt, in seiner neuen Wahlheimat echte Wurzeln zu schlagen; nicht etwa, weil ihm keine menschliche Wärme entgegenschlägt – die findet er bei seiner Freundin und Geliebten Molly und seinen vielen anderen Freunden –, sondern weil ihm unmenschliche Behörden ein Leben bei den Menschen, die er liebt, verbieten wollen.

Neben dieser melancholischen Grundstimmung ist der Roman aber dennoch auch von Hoffnung geprägt. Und er zeigt auch auf verschiedenen Ebenen, dass Schami nach dreißig Jahren in Deutschland »angekommen« ist: Zum ersten Mal wählt er für seine Utopie des friedlichen Zusammenlebens der Völker, die so wichtig geworden ist für sein Werk, einen Ort in Deutschland: den Flohmarkt in Frankfurt. Zum ersten Mal in seiner Literatur ist Deutschland nicht das Exil, sondern das Land der Sehnsucht. Zum ersten Mal wird dagegen Syrien aus dem Blickwinkel eines Heimkehrers aus einer moderneren Welt beschrieben, der sich zwar immer noch an die Schönheit der Kindertage erinnert, aber dennoch auch sein Befremden über Unzulänglichkeiten ausdrückt, die einem Daheimgebliebenen nie aufgefallen wären. Vielleicht spiegelt sich hierin die Angst des langjährigen Exilanten vor einer, für Schami bisher unmöglichen, Heimkehr an die Orte seiner Kindheit, die sich in der Erinnerung in ein Paradies verwandelt haben.

Die Bekämpfung des Heimwehs und die Eingliederung in die fremde Gesellschaft gelingen Rafik Schami dadurch, dass er den negativen Gefühlen, wie Heimweh und Angst vor der Zukunft, möglichst wenig Raum lässt und ein emotional wie zeitlich ausgefülltes Leben führt.

Im Jahre 1959 wurde in Damaskus das erste und bislang einzige **Goethe-Institut** Syriens eröffnet, das den Dialog und die kulturelle Zusammenarbeit zwischen Syrien und Deutschland fördern soll.

Seine ersten Jahre in Deutschland bewegen sich zwischen den Polen Studium, den sozialen Kontakten mit Kommilitonen und den Liebschaften »mit häufig flippigen Frauen«, der literarischen Tätigkeit, der Fortsetzung des in Syrien begonnenen politischen Lebens unter anderen Grundvoraussetzungen sowie schließlich den Nebenjobs zur Finanzierung des Lebensunterhalts. Schnell lernt er so verschiedenste Bereiche des Lebens in Deutschland kennen und kommt mit den unterschiedlichsten Menschen aus allen möglichen Schichten zusammen.

Der eigentliche Grund für Schamis Ausreise aus Syrien war der Wunsch, der Diktatur zu entfliehen, der »offizielle« Grund war die Fortsetzung des Studiums der Chemie. Vor der Zulassung zum Chemiestudium in Heidelberg stand jedoch das Hindernis der Sprache. Schon nach sechs Monaten legt Schami allerdings die notwendige Deutschprüfung ab, danach besucht er freiwillig ein weiteres halbes Jahr den Fortgeschrittenenkurs. Nach diesem Jahr intensiven Sprachstudiums erhält er die erforderliche Anerkennung und kann sich ab dem Wintersemester 1972/73 als ordentlicher Student der Chemie immatrikulieren. Das vierjährige Studium der Naturwissenschaften, das Schami an der Universität von Damaskus erfolgreich mit dem Abschluss des Bachelor of Arts and Science absolviert hatte, wird ihm in Heidelberg als Vordiplom anerkannt. In den ersten Semestern seines Studiums plante Schami noch, die Ausbildung an der Universität schnell voranzutreiben und als Naturchemieforscher in die Heimat zurückzukehren. In Syrien wachsen viele Kräuter und andere Pflanzen, die als billige Rohstoffe zur Weiterverarbeitung an die Industrien der westlichen Länder verkauft werden. Schamis Traum war ein Posten an einer syrischen Universität, bei dem er gleichzeitig seine Literatur schreiben und Grundlagenforschung der Naturchemie betreiben könnte. Sein Ziel war die Ausbildung von Technikern und Fachkräften in Syrien, die in der Lage wären, die Rohstoffe selbst zu bearbeiten und den Europäern die fertigen Produkte zu liefern. Zu seiner großen

Enttäuschung musste er jedoch feststellen, dass es an den meisten Universitäten Deutschlands keine Abteilung für Naturstoffchemie mehr gab. Als ihm zudem immer mehr bewusst wird, dass er nicht so schnell nach Syrien zurückkehren werde, verliert er das Interesse an einer Kariere als Professor der Chemie. Nach eigenen Angaben hat das Studium für ihn nunmehr nur noch den Zweck, einen Verlust der Aufenthaltserlaubnis zu verhindern. Dennoch betreibt Schami es weiterhin mit Fleiß und Erfolg. »Das Chemiestudium fiel mir überhaupt nicht schwer, weil das damalige Niveau der Universität Damaskus nicht schlecht war und einiges habe ich hier wie eine Wiederholung empfunden. Andererseits passte mir das rational organisierte Studium der Deutschen sehr.« 1976 schließt Schami sein Studium mit der Note »sehr gut« ab und erhält daraufhin ein Begabtenstipendium der Friedrich-Ebert-Stiftung zur Promotion, die er 1979 abschließt; die Doktorarbeit trägt den Titel *Beiträge zur Chemie der Olefin-Komplexe und Cluster-Verbindungen der Übergangsmetalle Molybdän, Wolfram, Eisen und Mangan.* Neben dem Studium arbeitet er an der Übersetzung von Werken der Chemie ins Arabische. Zudem verfasst er zu-

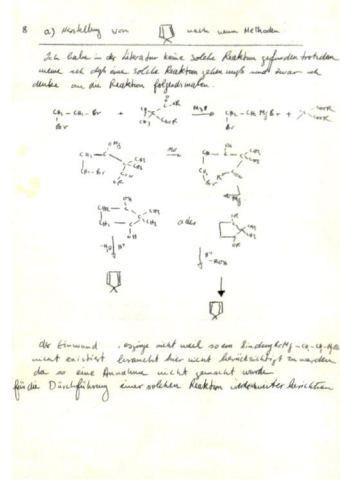

17   Auszug aus dem Arbeitsjournal des jungen Chemikers

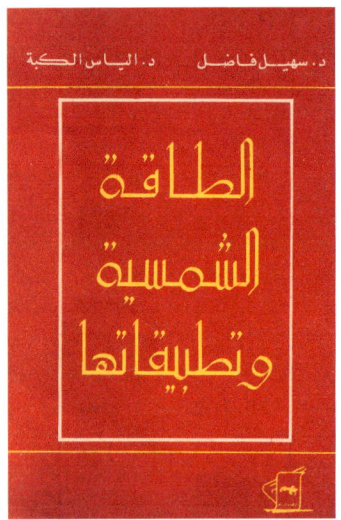

18 ›Die Sonnenenergie‹ von Rafik Schami und Kollegen. Mitte der 70er Jahre geschrieben, veröffentlicht in Beirut 1982

sammen mit einem syrischen Co-Autor das erste Buch gegen Atomenergie in arabischer Sprache, das 1982 erscheint.[1]

Neben intensiver Arbeit für das Studium sind die ersten Jahre in Deutschland für Schami auch eine Zeit reger sozialer Kontakte. Von Anfang 1971 bis Ende 1972 führt er ein »Nomadenleben«, währenddessen er insgesamt zehn Mal die Wohnung wechseln muss: »Entweder wurde ich wegen Frauenbesuch rausgeschmissen oder konnte die teure Miete nicht mehr zahlen, oder aber die Wohnung wurde renoviert und danach für mehr Miete wieder freigegeben.« Diese »Wanderschaft« findet ein Ende, als er Anfang 1973 ein Zimmer im Collegium Academicum (CA) bekommt. Mit Begeisterung beteiligt er sich aktiv an der demokratischen Verwaltung und den kulturellen Veranstaltungen des Hauses. Heute bezeichnet Schami seine Aufnahme in das Studentenwohnheim, das damals in Heidelberg wegen seiner »studentischen

---

[1] Das Buch trägt den Titel *Al Taka al Schamssia*, es ist bis heute lieferbar und wird vom Libanon aus in alle arabischen Länder vertrieben.

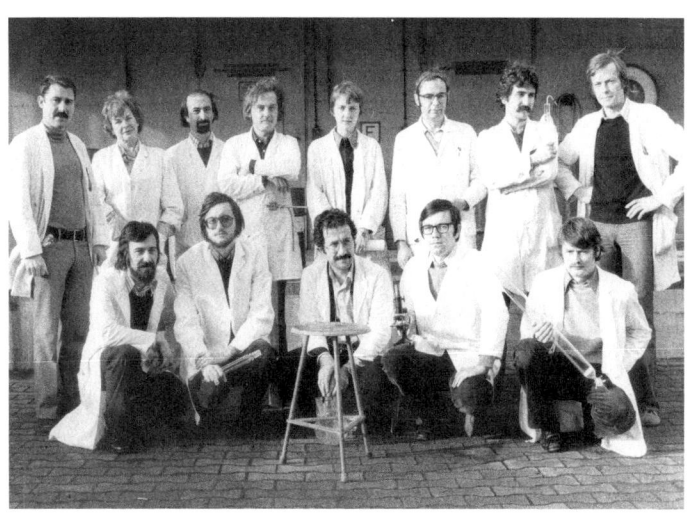

19 Als Doktorand mit den Kollegen aus dem Labor (1978)

Umtriebe« berühmt-berüchtigt war, als »Gnade«: »Das
CA gab mir Halt und während meiner Wohnzeit bildeten
sich ernsthafte Freundschaften.« Diese Menschen, mit denen Schami zum Teil noch heute befreundet ist, standen
ihm in den verschiedenen Krisen bei, die das Exil mit
sich bringt. 1973 helfen sie ihm über einen finanziellen
Engpass hinweg, der Schami fast dazu bewegt, alles aufzugeben und wieder nach Syrien zurückzukehren. Sie
unterstützen ihn bei Konflikten mit der deutschen Polizei, die ihn wegen angeblicher Nähe zum Terrorismus
befragt, was damals viele engagierte Araber durchma-
chen mussten. Und schließlich geben sie ihm emotionalen
Halt bei persönlichen Krisen, wie der Beinaheabschie-
bung im Jahre 1985. Im CA lernt Schami auch seine spätere Frau, Bettina Malmberg kennen, damals Studentin
der Mathematik und nach dem Abschluss eine der ersten
Computerexpertinnen. Bettina Malmberg war, wie Schami selbst, politisch sehr aktiv. Rafik Schami und Bettina
Malmberg heiraten 1979 nach der erfolgreich abgeschlos-
senen Promotion Schamis.

Schami ist bei seinen Kommilitonen und Mitbewohnern beliebt. Nicht zuletzt auch deshalb, weil er äußert gerne kocht und genauso gerne Gäste bewirtet, eine Leidenschaft, die er Jahre später im gemeinsamen »Kochbuch« mit seiner Schwester Marie, *Damaskus. Der Geschmack einer Stadt*, umsetzt. Gerne erinnert er sich an die von der Universität finanzierten Weihnachtsfeste im Studentenwohnheim, an denen er für die dagebliebenen Ausländer, die nicht nach Hause fahren konnten, und die wenigen Deutschen, die nicht nach Hause fahren wollten, gekocht hat. Früh macht ihn auch seine Fähigkeit zu erzählen und die Freunde mit Geschichten über den Orient in den Bann zu ziehen beliebt: »Ich habe immer erzählt, und nach der Überwindung der Stummheit durch das Erlernen der neuen Sprache erzählte ich in meinem Umfeld und man hörte mir zu. Meine ersten Zuhörer waren meine Freunde und vor allem die Frauen, mit denen ich eine Liebesbeziehung hatte. Ich musste ihnen viel erzählen von meiner fremden Welt und sie hörten mir manchmal wie Kinder zu.« Diese Erfahrung des jungen Exilanten, andere Menschen durch den Zauber des Wortes zu faszinieren und zu beglücken, mag ihn über manche Widrigkeiten im fremden Land, das erst langsam zu einer neuen Heimat wurde, hinweggeholfen haben. Und so wird das Schreiben für ihn auch zu einer Therapie gegen das Heimweh. Schon in dieser Zeit arbeitet er an seinem Roman *Die dunkle Seite der Liebe*, er schreibt Erzählungen, damals noch in arabischer Sprache, und verfasst politische Dramen, die, wie 1976 das Stück *Das Dorf, das sich wehren konnte*, im Haus der ESG aufgeführt werden.

Die deutsche Gesellschaft der frühen 70er Jahre, insbesondere das akademische Leben, ist geprägt von den Studentenunruhen; Berlin, Frankfurt und Heidelberg waren wichtige Zentren der Revolte der 68er gegen die verkrusteten gesellschaftlichen Strukturen und des Kampfes gegen die Generation ihrer Väter, deren Rolle im Nationalsozialismus sie geklärt wissen wollten. Gelegentlich werden die Demonstrationen der Studenten von gewalt-

20 Erico Sachs
(vorne rechts)
und Rafik
Schami in
Heidelberg
Mitte der
70er Jahre

samen Ausschreitungen begleitet. Aus einer gewaltberei-
ten studentischen Randgruppe entwickelt sich 1970 die
RAF (Rote Armee Fraktion) um Andreas Baader und Ul-
rike Meinhof, deren Ziel es war, den deutschen Staat mit
den Mitteln des Terrors in die Knie zu zwingen. Zur gleichen Zeit steht die weltweite Öffentlichkeit unter dem
Eindruck der zunehmend aggressiveren palästinensischen
Befreiungsbewegung, die mit Terrorakten und Flugzeugentführungen auf die schlimme Lage ihres Volkes aufmerksam zu machen sucht. Einer der spektakulärsten und
für den deutschen Staat folgenreichsten Terrorakte der
PLO ist die Geiselnahme israelischer Sportler bei den
Olympischen Spielen 1972 in München, die bei der bluti-
gen Befreiungsaktion durch die deutsche Polizei 17 Men-
schenleben fordert.

Als Rafik Schami im März 1971 zum ersten Mal deutschen Boden betritt, kommt er in eine Atmosphäre, die
getragen ist von einer politischen Aufbruchstimmung der
Jugend. Für den jungen Exilanten, der zuvor nur die politische Arbeit eines geheimen Widerstandes im Untergrund kannte, mag die offene Rebellion einer ganzen
Generation fast berauschend gewirkt haben. Und so beteiligt sich Schami schnell am politischen Leben in Heidelberg. Er wird Mitglied eines Arbeitskreises deutscher
Studenten, die über die Lage der Diktaturen im Orient
und Nahen Osten, über die Israel-Palästina-Frage oder
über die Bedingungen der Entwicklungsländer diskutie-

ren und die zusammen einen Dritte-Welt-Laden gründen, der bis heute in Heidelberg existiert. Er nimmt Teil
an regelmäßigen Treffen mit linksgerichteten Studenten
und Intellektuellen aus Luxemburg, Spanien, Lateinamerika und Griechenland. In dieser Zeit lernt er den Brasili-
aner Erico Sachs kennen, mit dem er ein Grundsatzpapier
für die syrische Opposition verfasst. Außerdem übersetzt
Schami Abhandlungen von Engels, den er nach eigener
Aussage »1000mal« lieber mochte als Marx, und Schriften
anderer Autoren über Themen wie Organisation von
Widerstand und Gewerkschaft oder Frauenarbeit im Untergrund, um sie zur Unterstützung der Opposition in
die Heimat zu schmuggeln. Diese Tätigkeit bleibt selbst
in der scheinbaren Sicherheit Deutschlands nicht unge-
fährlich, da der syrische Staat auch in den westlichen De-
mokratien Agenten und Spitzel seines Geheimdienstes
unterhält. Und so bleibt bei Schami immer ein Restmiss-
trauen gegenüber neuen Bekanntschaften aus der Heimat: »Trotzdem und bei all meiner Vorsicht reichte es
nicht. Ich sprach offen mit einem syrischen Arzt, der sich
mir als Christ anbiederte und erfuhr erst viel später, dass
er ein Spitzel der syrischen Botschaft und Mitglied der
Baath-Partei war.«

Früh ist ihm der Konflikt Israels mit Palästina ein An-
liegen und so ist er in den 70er Jahren für die marxisti-
sche Fraktion der PLO politisch aktiv, die Terror und
Flugzeugentführungen grundsätzlich ablehnte und bereits Anfang der 70er Jahre für den Dialog mit den linken
Israelis eintrat. 1976 fand ein erstes Treffen von Israelis
und Arabern in Heidelberg statt. Zudem war Schami Mit-
initiator der arabisch-jüdischen Dialoggruppe »Halter-
ner-Kreis«, der 1983 in Arnoldshain bei Frankfurt den
ersten großen palästinensisch-israelischen Dialog auf
deutschem Boden organisierte. Auch in späteren Jahren
hat sich Schami immer wieder aktiv um einen Dialog
zwischen Palästinensern und Israelis bemüht, so mit der
Herausgabe des Bandes *Angst im eigenen Land* im Jahre
2000, in dem sowohl kritische Israelis als auch kritische

Palästinenser zu Wort kommen und zur Lage in ihrem Land Stellung nehmen.

Vermittelt durch den Kontakt zur deutschen Linken nimmt Schami 1976 an einer von der DKP (Deutsche Kommunistische Partei) organisierten Reise in die damalige Sowjetunion teil. Bei dieser Fahrt erkannte Rafik Schami enttäuscht, was eine »Mafia namens Partei« aus einer »wunderbaren Idee der Gerechtigkeit« gemacht hat. Die Reise, die als ein Erfahrungsaustausch deutscher und russischer junger Leute angekündigt war, drohte nach den Erinnerungen Schamis durch ständige Kranzniederlegungen und den Besuch des Leninmausoleums zu einem »Beerdigungszug« zu werden. So kam es schon nach wenigen Tagen zu einem Bruch zwischen den DDR- und Sowjetunion-nahen Parteifunktionären, die die Reise organisierten, und deren treuen Anhängern einerseits und den etwa 20 Ausländern, die einen »Freundschaftszug« wollten, andererseits: »Deshalb und weil wir niemals einen Russen umgebracht hatten, legten wir keinen Kranz nieder, sondern wollten Tee und Wodka mit den Russen trinken und vor allem mit ihnen reden. Die borniert Führung verstand es nicht. Auch wollten wir in Moskau das Leninmausoleum nicht besuchen und gingen lieber in die einfachen Cafés und Restaurants.« Bei dieser Reise wäre Schami um ein Haar in der Wolga ertrunken, als er am frühen Morgen hinausschwamm und einen Muskelkrampf in beiden Beinen bekam; ein aufmerksames, russisches Ehepaar rettete ihm im letzten Augenblick das Leben. Trotz allem wurde die Fahrt durch den Austausch mit den russischen Jugendlichen zu einem eindrucksvollen Erlebnis.

»Gastarbeiterliteratur«

»In der Fremde mißfallen mir
so viele Dinge, daß ich mich
fast wie zu Hause fühle.«
(Das Lachen der Außenseiter)

Politische Aktivitäten und unterschiedliche Freizeitgestaltung machten nur einen Teil von Schamis Leben in den 70er Jahren aus. Durch Studium und Promotion wird er in die Welt der Akademiker und Intellektuellen Deutschlands eingeführt. In dem Bemühen, sich sein Studium zu finanzieren, lernt er allerdings auch die andere Seite des Lebens als Ausländer im fremden Land kennen und lebt quasi als »Gastarbeiter« in Deutschland. Das Geld, mit dem er aus Syrien angekommen war, reichte nicht lange. Viele ausländische Studierende wählten damals die Alternative, mit dem wenigen Geld, das sie hatten, möglichst spartanisch zu leben. Doch Schami möchte keine Kompromisse machen; er kann und will seine von der Mutter erlernte Rolle als guter und großzügiger Gastgeber nicht aufgeben, außerdem will er auch weiterhin in der Lage sein, seine Freundinnen angemessen ausführen und verwöhnen zu können. Aus diesem Grund sucht er sich schon wenige Wochen nach seiner Ankunft in Heidelberg Arbeit. Seine erste Stelle bekam er bei der Deutschen Post: Er musste Postpakete von und zum Lastwagen bzw. Eisenbahnwaggon tragen. Bis er im Jahre 1976 eine Promotionsstelle an der Chemischen Fakultät der Universität Heidelberg erhält, übt er die verschiedensten Nebenjobs aus; er arbeitet in Heidelberg, Mannheim und Karlsruhe u. a. als Kellner, Fabrik- oder Bauarbeiter. Schami sieht diese Arbeiten als eine Notwendigkeit an, die er in sein »normales« Studentenleben möglichst so integriert, dass sie ihn am wenigsten in seiner Freiheit stören: »Aber ich war, muss ich heute sagen, immer schon sehr stark. Ich arbeitete und feierte, schlief im Zug auf dem Weg zur Arbeit meinen Rausch aus und arbeitete. Ich wollte nie knauserig leben.«

Nicht selten ist es für den Studenten schwierig, gegen seinen Stolz anzukämpfen, wenn er in einem Lokal Nachbarn aus dem Studentenwohnheim oder Kommilitonen aus der Universität bedienen muss. Die Öffnung der Hochschulen in den 60er und 70er Jahren für Kinder aus einkommensschwächeren Familien, denen zuvor zum ersten Mal der Zugang zum Abitur ermöglicht worden war, bedeutete auch für immer mehr deutsche Studierende die Notwendigkeit, sich das Studium durch Nebenjobs zu finanzieren. Dennoch war die Anzahl junger Leute aus reicherem Elternhaus, für die eine Tätigkeit neben dem Studium nicht erforderlich war, weiterhin groß. Auch daraus erklärt sich die ambivalente Erinnerung Schamis an die Reaktion seiner Kommilitonen: »Manche verhielten sich plötzlich wie Affen, manche wurden auf einmal ungeheuer zärtlich und lieb. Sie verstanden den Schmerz, den ein stolzer Mensch ertragen muss, um 3 DM pro Stunde zu verdienen, damit er mit ihnen studieren kann.« Mit Unbehagen erinnert sich Schami daran, wie es war, nach der Arbeit in der Fabrik mit verschmutzten Kleidern und verschmiertem Gesicht einer der Frauen, die ihn zuvor immer nur elegant erlebt hatten, an der Straßenbahnhaltestelle zu begegnen. Eine seiner Freundinnen aus »besserem Hause« wollte ihn danach nie wieder sehen.

Die Arbeit in Fabriken und auf Baustellen relativiert für Schami die Sozial- und Revolutionsromantik der linken Studentenbewegung, deren erklärtes Ziel es war, die Arbeiterklasse zu befreien. Er muss erkennen, dass die Arbeiter weit davon entfernt sind, von den jungen »Aufrührern« befreit werden zu wollen: »Aber die Arbeit hat mich ernüchtert über die Arbeitswelt und das hat mich geschützt vor der übertriebenen Lobhudelei der Linken gegenüber der so genannten Arbeiterklasse. Ich habe sie am Fließband und in der Kantine erlebt, während diese linken Schnösel ihre Flugblätter tippten.« In den Fabriken und auf dem Bau erlebt er die Härte, oft auch die Gefahr

für Gesundheit und Leben, und nicht selten die Stupi-
dität der Arbeitswelt hautnah. Als Hilfsarbeiter und als
Ausländer steht er zudem in einer »internen Klassenord-
nung« der Arbeiter ganz unten und wird nicht selten
von seinen deutschen Kollegen schikaniert. Die damals
50–60jährigen hatten die entscheidende Phase der Jugend
und Adoleszenz während des Dritten Reichs verlebt. Die
Migranten der 60er und 70er Jahre trafen so in der Be-
rufswelt, in Betrieben, in Behörden und Ämtern wie auch
in der Universität immer wieder auf mit nationalsozialis-
tischem Gedankengut infiltrierte Menschen. Der Kontakt
mit einem relativ offen zur Schau getragenen Rassismus
hat Schami sensibel gemacht für einen verdeckteren Rassismus und Anti-Arabismus – nach Schami der Zwillings-
bruder des Antisemitismus –, der auch unter deutschen
und europäischen Intellektuellen und Akademikern noch
immer gegenwärtig ist.

Ein Aufflammen des offenen Rassismus gegen Araber
erlebt Schami, als er bei der Olympiade 1972 in München
als Bedienung für das Sportler-Restaurant jobbt. Er erhält
die Stelle, weil er mehrere Sprachen spricht und weil er
über 1,80 m groß ist: »Sie haben nur Bedienungen über
1,80 genommen. Wir rätselten lange darüber, ohne eine
vernünftige Erklärung zu finden; es waren über 80 Nationen unter der Bediensteten.« Die Tätigkeit ist zunächst
interessant und kurzweilig; alle Angestellten werden
von Arbeitgebern und Sportlern freundlich behandelt.
Doch die Stimmung schlägt um, als die Terroristen des
»Schwarzen September« am 11. Tag der Spiele den Anschlag gegen die Israelis verüben. Schami erinnert sich,
wie ihn nach dem Anschlag »eine real begründete Angst
erfasste«: »Die deutsche Polizei tappte zunächst im Dunkeln und war schockiert, deshalb griff sie auch nicht selten blind um sich und schob Unschuldige ab.« Rafik
Schami selbst wurde verhört, was er als lästig empfand,
wofür er jedoch Verständnis hatte. Beim Verhör blieb er
ruhig. Was ihn aber verbitterte, war die Reaktion seiner
Kollegen, die noch am Vortag so freundlich, die Linken

unter ihnen so eng mit ihm verbunden gewesen waren; plötzlich schlugen ihm und den anderen Arabern die kalte Abweisung entgegen: »Ihr habt unsere Olympiade verdorben«, so bekamen sie häufig zu hören. Dies wurde von irrationalen Fragen begleitet, ob es an der Mentalität oder Erziehung der Araber liege, dass sie Terroristen werden, und von der Aufforderung, ob er, Schami, nicht besser zurückkehren sollte. Eine vergleichbare Hysterie der westlichen Welt, verbunden mit einem ähnlichen Misstrauen gegen Menschen arabischer Herkunft, wird sich 30 Jahre später, nach dem 11. September 2001 und den verschiedenen Anschlägen der al Kaida in der ganzen Welt, wiederholen.

Später wird Schami die Erfahrungen der Zurückweisungen, Ängste und Probleme des Fremden im anderen Land literarisch umsetzen. Vor einer befreienden Bearbeitung durch Literatur steht jedoch nun, wie zuvor im Privaten und im Studium, das Sprachproblem; die »Hürde Sprache« türmt sich nun auch bei seiner literarischen Tätigkeit vor ihm auf. Es ist ein weiter Weg, bis es Schami endgültig gelingt, sich für seine literarischen Arbeiten von der Sprache seiner Heimat zu verabschieden. Vor

21   An der arabischen Schreibmaschine

dem Beginn seiner »Liebesbeziehung« zur deutschen Sprache steht eine tiefe Krise: Schami durchlebt eine etwa drei Jahre andauernde »Sprachlosigkeit«. Kurz nach seiner Ankunft in Deutschland hatte sich Schami aus Ostberlin für teures Geld eine »wunderbare mechanische Schreibmaschine mit arabischen Buchstaben« besorgt. Auf dieser Schreibmaschine tippt er die Artikel einer eigenen kleinen Zeitschrift gegen Diktatur und für Sozialismus und Demokratie in Arabien, die er *Tarikuna (= Unser Weg)* nennt. 500 Exemplare dieser Zeitung wurden in den europäischen Metropolen Paris, London, Berlin und Wien, wie auch in Frankfurt, einem Zentrum des studentischen Widerstands, verteilt. Doch er muss bald erkennen, dass diese Art des Widerstands zwecklos ist, da die Artikel nur Angehörige der gleichgesinnten Opposition im Exil erreichen, nicht aber die Massen in Arabien. Also schreibt er Artikel, die er an Zeitungen in Paris, London, Wien oder Beirut schickt, die besseren Kontakt zur Heimat haben. Doch die Artikel werden abgelehnt oder er erhält nie eine Antwort; auch Manuskripte für Geschichten, Satiren und

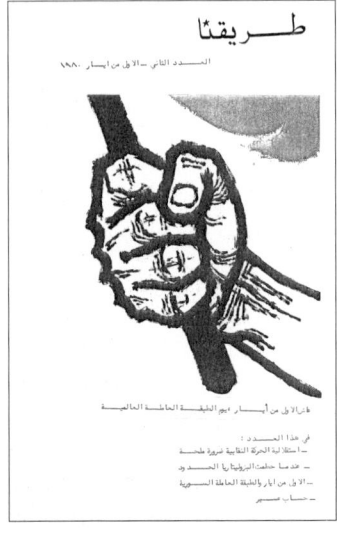

22 ›Unser Weg‹ (Tarikuna), Nr. 2

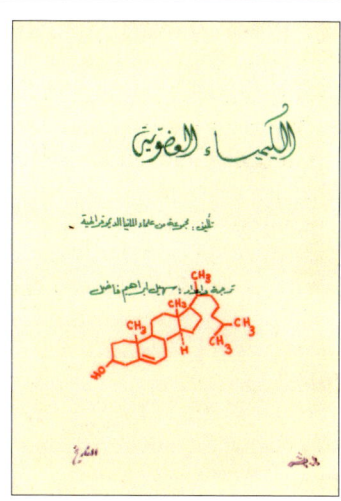

23 Titelblatt des ins Arabisch
übersetzten ›Organikum‹
(wurde nie veröffentlicht)

Kinderbücher sowie Vorschläge für Übersetzungen aus
dem Deutschen werden nirgendwo angenommen. »Ich
fühlte mich elend und zweifelte an meinem Plan, im Ausland je zu einem Schriftsteller zu werden. Doch dieser
Teufel in mir, der süchtig nach Zuhörern war, hörte nicht
auf, mich zu drängen, in kleinen Kreisen und mit meinem bescheidenen Deutsch zu versuchen, Menschen zum
Zuhören zu animieren. Ich bereitete mich fürchterlich
lange und penibel genau vor und wenn es eine Geschichte
von einer halben Seite war. Es musste alles perfekt sein.«

Im Januar 1977 beginnt er, seine Geschichten im kleinen Kreis vorzutragen und erkennt trotz heftiger Selbst-
zweifel, dass er bei seinem Publikum ankommt. Aus dieser Erfahrung entsteht der Entschluss, ein für allemal mit
dem Schreiben in arabischer Sprache aufzuhören und ein
zweites Studium des Deutschen, diesmal der Literatursprache Deutsch, zu beginnen. Trotz des Lobs von Freunden und Bekannten empfindet Schami sein Deutsch als
»primitiv, spröde und bar jeglicher Eleganz«; Trost findet
er bei Brecht, dessen »schmucklose, aber genial präzise
Sprache« ihn faszinierte, und bei Walter Benjamin, den er
um das »Biblische und Philosophische« in seiner Sprache

beneidete. Schami fängt an, wie ein Besessener zu lernen und an seinem Stil zu arbeiten. In dieser zweiten Phase des Erlernens der deutschen Sprache ist Schami alleine und ohne Hilfe von außen, alleine mit sich und den großen modernen Literaten und Stilisten deutscher Zunge. Er liest in dieser Zeit bevorzugt deutsche Schriftsteller, deren Stil sich durch eine nüchterne Sprache auszeichnet, wie Karl Kraus oder Oskar Panizza. Und er entwickelt eine ganz spezielle und wirksame Lerntechnik: Er schreibt ganze Bücher bedeutender deutscher Autoren des 19. und 20. Jahrhunderts, wie Heinrich Heine, Anna Seghers, Bertolt Brecht, Karl Kraus, Peter Altenberg oder Max Frisch, mit der Hand ab und eignet sie sich so sprachlich an. Dabei betreibt er Stilstudien, überprüft die Techniken, die Tricks und die Unzulänglichkeiten der Autoren und »legt sich in unbescheidener Weise in einem stillen Dialog mit Thomas Mann, Tucholsky oder Grass an«, indem er ihre Sätze daraufhin überprüft, wie sie stilistisch zu verbessern wären. Er macht sich so zu einem gnadenlosen Richter auch und gerade über sich selbst. Zur gleichen Zeit übersetzt er ein 800seitiges Standardwerk der Organischen Chemie und sendet es an mehrere arabische Verlage, von denen allerdings keiner das Manuskript annimmt. Dennoch ist er bis heute sehr stolz auf seine Leistung; das Manuskript besitzt er noch immer und hält es in Ehren. Die zweite Phase des Deutschlernens erfolgt also nicht über einen aktiven Sprachgebrauch, sondern über sein eigentliches literarisches Werkzeug, die Hand. »So kam ich Ende 1978 nach fast zwei Jahren aus meinem Kokon und hatte ein ganz anderes Verhältnis zur deutschen Sprache.«

Nach Überwindung der »Stummheit« in den ersten Jahren seines Aufenthalts findet Rafik Schami gemeinsam mit anderen Autoren-Kollegen, die mit ihm das Schicksal des Intellektuellen im fremden Land teilen, eine eigene und zugleich für die deutsche Literaturszene neue Art des literarischen Ausdrucks. Diese Literatur wird von den Autoren selbst zunächst mit dem Begriff der »Gastarbeiterliteratur« umschrieben, später werden sie für ihre eigene Literatur außerdem den Begriff der »Literatur der Betroffenheit« prägen. Heute gilt der Begriff »Gastarbeiterliteratur« wie auch die Bezeichnung »Gastarbeiter« selbst als »politically incorrect«, er benennt jedoch das Phänomen besser und konkreter als der Begriff »Migrantenliteratur«. Während »Migrantenliteratur« autorengebunden ist und lediglich Literatur von hier lebenden Ausländern beschreibt, ist der Begriff der »Gastarbeiterliteratur« durchaus programmatisch und inhaltlich gemeint und bezeichnet solche Literatur, die sich explizit mit den Problemen der hier lebenden Ausländer und »Gastarbeiter« befasst. Er war von denjenigen, die ihn geprägt haben, durchaus ironisch gemeint und deutete bereits in der Benennung der neu gefundenen Literatur, wie auch in den Geschichten selbst, auf die Diskrepanz zwischen »Gast« und »Arbeiter« in der Bezeichnung derjenigen Menschen hin, die von der Bundesrepublik zur Unterstützung des eigenen »Wirtschaftswunders« ins Land geholt wurden.

Durch den Zuzug von immer mehr Menschen aus Südeuropa, der Türkei und der arabischen Welt entstand in den 70er und 80er Jahren neben Skepsis und Fremdenhass auch ein zunehmendes Interesse der Deutschen an den fremden Kulturen, die diese Menschen aus ihren verschiedenen Heimatländern nach Deutschland brachten.

24 Von links nach rechts: Rafik Schami, Franco Biondi, Gino Chiellino, Suleman Taufiq (in Frankfurt)

Es entwickelte sich ein neuer Markt für die Literatur und Kunst der hier lebenden Ausländer. In dieser Atmosphäre einer neuen multiethnischen Kulturlandschaft gründeten 1980 die beiden Syrer Rafik Schami und Suleman Taufiq, der Italiener Franco Biondi und der Libanese Jusuf Naoum die Literaturgruppe »Südwind«. Die vier Autoren hatten bereits bei literarischen wie politischen Aktivitäten zusammengearbeitet: Biondi und Naoum kannten sich über den »Werkkreis Literatur der Arbeitswelt«. Naoum, der sich bei linken libanesischen Gruppen engagierte, hatte Schami über Bekannte kennen gelernt. Schami und Taufiq schließlich kannten sich über die gemeinsame Arbeit für eine Zeitschrift der palästinensischen Linken. Nach der Herausgabe der ersten Bücher schied Taufiq aus der Gruppe aus, an seine Stelle trat der italienische Literaturwissenschaftler Gino Chiellino. Aus den Reihen der Südwindautoren entstand der Polynationale Literatur- und Kunstverein PoLiKunst (1981–1987), ein Zusammenschluss von Malern, Musikern, Literaten, Bildhauern, Kabarettisten etc.

Das erklärte Ziel der Südwind-Gruppe war es, den in Deutschland lebenden ausländischen Autoren, Dichtern und Schriftstellern ein Forum für ihre Literatur zu bieten, was sie mit der Herausgabe mehrerer Anthologien auch verwirklichten; bis zur Auflösung 1985 wuchs die von der Südwind-Gruppe herausgegebene Reihe »Südwind-Gastarbeiterliteratur« auf 13 Bände an. Als eine weitere Aufgabe stellten sie sich selbst die Formulierung von Grundsätzen und Maximen einer Literatur von Ausländern und »Gastarbeitern« in Deutschland sowie die Verortung einer solchen Literatur in der deutschen Literaturlandschaft. Diese zweite Aufgabe wurde vornehmlich von Rafik Schami und Franco Biondi in zahlreichen Essays realisiert.

Die erste Schwierigkeit, die die Gruppe gemeinsam überwinden musste, war die Suche nach einem Verlag; nach mehreren Absagen kamen sie zunächst beim CON-Verlag des Verlegers Detlef Ziegert unter, mit dem Rafik Schami und Suleman Taufiq bereits 1976 in Projekten der arabischen Opposition zusammengearbeitet hatten. Bei CON erschienen die ersten sechs Bände der Reihe »Südwind-Gastarbeiterdeutsch«; doch Ziegert verlor nach wenigen Bänden das Interesse an einer Herausgabe weiterer Bände. 1983 erfolgte daher die Trennung von CON. Die verzweifelte Suche nach einem Verlag war damit erneut eröffnet und die Mitglieder der Gruppe eilten auf der Frankfurter Buchmesse 1983 »wie die Bettler« von Stand zu Stand. Doch weder die konservativen noch die linken Verlage waren an einer von einer Gruppe Ausländer herausgegebenen Reihe interessiert. Durch einen glücklichen Zufall trafen Schami und Chiellino mit der Redaktion der Zeitschrift *Linkskurve* zusammen, für die Schami kurz zuvor eine Artikelserie über Märchen und Phantasie geschrieben hatte. Sie erfuhren, dass die Lektoren die Gründung eines Verlages nach dem Vorbild des legendären Malik-Verlags planten. Die Idee einer Kooperation war geboren. Um das Manko der Südwind-Gruppe auszumerzen, dass eine der größten Gruppen der hier lebenden Ausländer, die Türken, nicht vertreten waren, vereinbarten sie eine Zusammenarbeit mit dem Lyriker Habib Bektas. Unter dem neuen Namen »Südwind-Literatur« gab die Gruppe eine weitere Anthologie heraus. Doch schon beim ersten Treffen kam es zu einem großen Streit; Bektas trat daraufhin unmittelbar nach Erscheinen der Anthologie wieder aus.

Gleichzeitig wendete sich die Zeit gegen die Gruppe, deren historische Rolle langsam überholt war: Die deutschsprachigen Autoren fremder Herkunft strebten nun Selbstständigkeit an; sie hatten die Hilfe der vier Herausgeber nicht mehr nötig und schickten daher der Südwind-Gruppe keine Texte mehr. Verlage wurden immer offener gegenüber der Ausländerliteratur – nicht zuletzt dank der Pionierarbeit der Südwind-Gruppe und der entscheidenden Hilfe wichtiger Förderer und Forscher der »Gastarbeiterliteratur« wie z. B. Harald Weinrich. Die Arbeit in der Südwind-Gruppe war für die fünf Autoren kein Sprungbrett für den Durchbruch bei einem großen

Publikum (auch der literarische Erfolg Schamis begann erst einige Jahre später), noch bot sie die Möglichkeit, mit den eigenen Texten viel Geld zu verdienen: Die Auflage- und Verkaufszahlen waren dazu eindeutig zu niedrig. Leitend war vielmehr, wie Schami es selbst ausdrückt, »eine Art fanatischer Glaube an die Wichtigkeit dieser Literatur, auch an die eigene Rolle, fast missionarisch«. Getragen und unterstützt wurde diese Rolle von einer Reihe kleiner deutscher Verlage wie auch von einem bestimmten Teil der deutschen Literaturwissenschaft, die sich ab den frühen 80er Jahren ebenfalls für die Literatur von Ausländern zu interessieren beginnt. Doch ein oft gönnerhaftes Verhalten mancher Deutscher, die schon in der Tatsache, dass ein Text von einem Migranten geschrieben war, einen Wert sahen, ohne dabei auf die Qualität zu achten, hat der Gastarbeiter- oder Migrantenliteratur vielfach mehr geschadet als genützt. Die Herausgabe sehr anspruchsloser Texte von Ausländern führte zu einer literarischen Gettoisierung, von der auch die bessere Literatur von Ausländern betroffen war.

Die Südwind-Gruppe war eine Zweckgemeinschaft, mit den Problemen, die eine solche Konstellation mit sich bringt. Die Gruppe setzte sich zusammen aus starken

Harald Weinrich wurde 1927 in Wismar geboren. Nach Professuren in Kiel, Köln, Bielefeld und München war er zuletzt Professor für Romanistik am Collège de France, Paris; in seiner Tätigkeit versuchte er immer, Literaturwissenschaft und Sprachwissenschaft zu vereinigen. Als Ordinarius für *Deutsch als Fremdsprache* an der Universität München (ab Wintersemester 1978/79) hat Weinrich die literaturwissenschaftliche Rezeption der deutschsprachigen Migrantenliteratur angestoßen, was 1985 auch zur Einrichtung des jährlich verliehenen Adelbert von Chamisso-Preises für deutschschreibende Autorinnen und Autoren nichtdeutscher Herkunft führte. 2002 erhielt Weinrich den Chamisso-Preis als Ehrengabe.

Persönlichkeiten mit den unterschiedlichsten schwierigen Biographien, die geprägt waren durch Flucht aus der Heimat, durch die Erfahrungen des Exils sowie durch das Gefühl der Entwurzelung. Die Unterschiede wurden kurzfristig durch das gemeinsame Ziel überdeckt, brachen sich jedoch im Laufe der Zeit immer häufiger Bahn. Es kam zu immer heftigeren internen Differenzen, die auch durch die unterschiedlichen kulturellen Prägungen der Herkunftsländer ausgelöst wurden. Hinzu kamen Probleme von außen, die den inneren Zusammenhalt der Gruppe aushöhlten. Im Sommer 1985 verließ Rafik Schami nach Differenzen die Gruppe. Kurz darauf löste sie sich auf.

Trotz aller Konflikte war die Arbeit in der Südwind-Gruppe wichtig für die Entwicklung Rafik Schamis, nicht nur weil er in der Reihe Südwind-Gastarbeiterdeutsch die Bände *Das letzte Wort der Wanderratte* und *Das Schaf im Wolfspelz* herausbringt, die einen Grundstein für seinen Erfolg bilden. Er lernt auch einen wichtigen Teil der Verlagsarbeit kennen, er lernt als Herausgeber »mit Tausenden von Texten umzugehen«, und er profitiert intellektuell von den oft nächtelangen leidenschaftlichen Diskussion mit seinen Kollegen. Allgemein ist die Gattung der »Gastarbeiterliteratur« für die erste Generation der deutschsprachigen Autoren fremder Herkunft von nicht zu unterschätzender Bedeutung. Durch das Schreiben und Veröffentlichen von Erzählungen und Geschichten, in denen sie ihre spezifischen Themen finden und auf ihre Situation aufmerksam machen können, gelingt es ihnen, ein eigenes Selbstverständnis herauszubilden und ihr Selbstbewusstsein als Autoren und Künstler zu stärken.

»Mich hat ein Sprichwort geleitet: ›Man kann nie zwei Melonen auf einer Hand tragen.‹ Ich musste mich entscheiden und ich entschied mich für Deutsch. Ich wollte in der Sprache, die mich als Gast aufgenommen hat, und für das Publikum, das mich akzeptiert hat, meine Geschichten schreiben.«

25 1983

Das Hauptthema der »Gastarbeiterliteratur« ist die Behandlung der in Deutschland lebenden und arbeitenden Ausländer durch das »Gastland«. Die Autoren nutzen die Literatur als ein Forum, in dem sie frei über Rassismus und Diskriminierung sprechen können. So fehlt es auch den Texten Schamis nicht an scharfen Satiren gegen die Peiniger der Ausländer, z. B. in der Erzählung *Der Kummer des Beamten Müller* im Sammelband *Die Sehnsucht fährt schwarz*. Neben dem allgemeinen Thema der Unterdrückung und Benachteiligung von Ausländern diskutiert Schami in seinen Texten jedoch schon früh auch »falsches« und kontraproduktives Verhalten der Ausländer selbst, so z. B. das Thema einer falsch verstandenen An-

passung in der Erzählung *Das Schaf im Wolfspelz* im gleichnamigen Sammelband. Erzählt wird die Geschichte eines jungen Schafs, das sich einen Wolfspelz überzieht, weil es seine schwachen und vorsichtigen Artgenossen verachtet und lieber mit den starken Wölfen spielen will; in dem Moment, in dem es seine falsche Haut verliert, wird es allerdings sofort von den Wölfen gefressen. Die

Geschichte ist ein Plädoyer Schamis gegen eine vollständige Aufgabe der eigenen Identität. Auch im Märchen *Als der Meister auftrat* im Sammelband *Das letzte Wort der Wanderratte* thematisiert er die Anpassung der Fremden in der neuen Gesellschaft.

Schamis Erzählungen sind keine plumpen Angriffe gegen den »Neonazi im Deutschen«, sondern sie behandeln reflektiert und differenziert das Zusammenleben verschiedener Menschen unterschiedlicher Herkunft und Kultur, das für die Deutschen wie auch für die Ausländer Probleme mit sich bringt. In der Erzählung *Fußball nein, Nazis niemals* beschreibt er das Aufbrechen von Vorurteilen und Fremdenhass auf Seiten aufgeklärter Linker, die in der Theorie die »multikulturelle Gesellschaft« feiern, wie auch auf Seiten befreundeter Ausländer. Als sich die beiden Gruppen gemeinsam ein Fußballspiel anschauen, brechen sich auf beiden Seiten tiefsitzende Vorurteile Bahn und sie fangen an, sich immer heftiger in rassistischer Manier zu beschimpfen. Entgegen einer gängigen Kritik, die in der »Gastarbeiterliteratur« lediglich einen Ausdruck des Selbstmitleids der hier lebenden Ausländer sah, werden in den Erzählungen also alle Beteiligten, Deutsche wie Ausländer, Arbeiter wie Intellektuelle, Linke wie Konservative mit kritischem Blick betrachtet und bewertet. Nicht zuletzt für die Texte der »Gastarbeiterliteratur« erhält Schami 1985 den Adelbert-von-Chamisso-Förderpreis sowie 1993 den Adelbert-von-Chamisso-Preis.

Die Produktion einer programmatisch begründeten Literatur wie der »Gastarbeiterliteratur«  birgt jedoch auch Gefahren für den Autor. Dieser wird immer wieder mit dem Problem konfrontiert werden, die Qualität der Programmatik unterordnen zu müssen, da die Geschichten eine möglichst einfach verständliche Botschaft transportieren sollen und ihren appellativen Charakter nicht verlieren dürfen. Zudem steht der Autor programmatischer Literatur in der Gefahr, festgelegt zu werden und seine literarische Freiheit zu verlieren. Rafik Schami wird sich auch aus diesem Grund von der literarischen Gattung »Gastarbeiterliteratur« verabschieden. Doch dem Thema des Lebens von Ausländern in Deutschland wird er weiterhin treu bleiben: So z. B. 1998 in sehr persönlicher Weise in dem Buch *Damals dort und heute hier*, worin er in Interviewform mit dem Germanisten Erich Jooß über seine eigenen Erfahrungen und seine Gedanken zum Thema Fremdsein spricht, oder im Jahre 2003 im Bilderbuch *Wie ich Papa die Angst vor Fremden nahm*.

Der Märchenerzähler –
der Kinderbuchautor

»Kinder sind kleine Morgenländer.«
(Jean Paul)

Mit dem Erhalt einer Promotionsstelle und der Gewährung eines Promotionsstipendiums nach dem Diplom 1976 war Rafik Schami nicht mehr auf die Einkünfte aus Nebentätigkeiten als Hilfsarbeiter angewiesen. Er konnte sich nun ganz der wissenschaftlichen Arbeit sowie seiner literarischen und essayistischen Tätigkeit widmen. Er schrieb an phantastischen Geschichten und Märchen. An der Universität hatte er ein eigenes Zimmer mit angegliedertem Labor, das er sich mit Pflanzen und einer Espressomaschine einrichtete. In einer verschließbaren Schublade bewahrte er sowohl sein Arbeitsjournal der Chemie als auch seine Literaturhefte auf. Oft musste er lange im Labor bleiben, um den Ablauf langwieriger Reaktionen und deren Versuchsanordnungen zu überwachen; die Wartezeit nahm er als Gelegenheit wahr, Märchen und kleine Geschichten auszuformulieren. Während dieser Zeit entstehen außerdem zahlreiche Flugblätter, Pamphlete und Artikel in Zeitschriften und Sammelbänden, die er meist unter verschiedenen Pseudonymen (so

28 ›Andere Märchen‹

z. B. 1980 »Samir Talli« in einer Artikelserie für die taz)
veröffentlicht. Ende der 70er Jahre vermittelt Detlef Ziegert Schami den Kontakt zum Verlag Progress Dritte
Welt, in dem er 1978 sein erstes belletristisches Werk in
deutscher Sprache publiziert. Unter dem Titel *Andere Märchen*, mit Bildern von Angelika Sahra, erscheinen neun Erzählungen Rafik Schamis: »Ein erster Teil meines Trau-
mes war realisiert: Meine Literatur war gedruckt in einer
fremden Sprache.«

Die Doktorarbeit wird Schamis zweites größeres Werk
in deutscher Sprache werden: Am 23. November 1979
schließt er seine Promotion mit *magna cum laude* ab. Seine
Chancen auf dem Arbeitsmarkt waren aus den verschiedensten Gründen nicht sehr gut: Im Gegensatz zu den
meisten seiner bis zu fünf Jahre jüngeren und ungebun-
denen Kollegen war er schon 33 Jahre alt, verheiratet und

Im Unterschied zum **Volks-märchen** ist das **Kunstmär-chen** nicht in mündlicher Überlieferung anonym tra-diert, sondern individuelle Erfindung eines nament-lich bekannten Autors. Gilt das Volksmärchen also als »Allgemeinbesitz« mit vari-ablem Text, so stammt das Kunstmärchen von einem Verfasser und hat einen feststehenden Text. So be-deutet das Wort *Kunst* in Kunstmärchen auch ledig-lich, dass das Werk von einem Autor verfasst, ge-macht wurde und nicht aus sich selbst heraus ent-standen ist. Es meint also keine literarische Wertung; vielmehr wird der Begriff *Kunst* in Opposition zu *Na-tur* gebraucht. Wichtigen Einfluss auf die Entwick-lung des Kunstmärchens in Europa seit dem 18. Jahr-hundert hatten u. a. die orientalischen *Märchen aus 1001 Nacht*, die ab dem Jahr 1704, in dem Antoine Gal-lands Übertragung von *1001 Nacht* ins Französische er-schien, ihren Siegeszug in die europäischen Wohnzim-mer antraten. Galland pass-te seine Übertragung dem Geschmack des höfischen Publikums im 18. Jh. an und »glättete« den Text, in dem er ihn u. a. von seiner gelegentlich derben sexuel-len Offenheit und seinen Grausamkeiten »säuberte«.

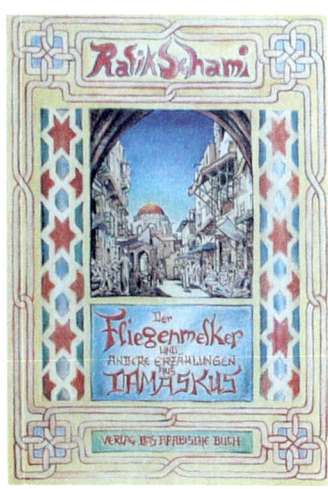

29 ›Der Fliegenmelker und
andere Erzählungen aus
Damaskus‹

Ausländer. Und so bleibt er für ca. zwei Jahre arbeitslos.
Seine Frau Bettina hatte nach dem Studium eine gutdotierte
Stelle als Computerexpertin bei der BBC erhalten und
konnte so das Leben des jungen Paares finanzieren. Die
Idee, zusammen mit einigen ebenfalls arbeitslosen Akademikern ein Kulturzentrum mit Buchhandlung, Kaffeehauserzähler, Restaurant, Dritte-Welt-Laden und Kino zu
eröffnen, scheiterte auch am mangelnden Interesse von
Brauereien oder Hausbesitzern. So nutzt Schami diese
Zeit vornehmlich für seine Literatur. Unter anderem
schreibt er an seinem »geheimen« literarischen Projekt eines Romans über die Sippenstrukturen in den arabischen
Ländern und die Unmöglichkeit einer freien Liebe, die sich
über Standes-, Religions- oder ethnische Grenzen hinweg-
setzt. Dieses Projekt, später als *Die dunkle Seite der Liebe*
veröffentlicht, begleitete Schami seit seiner Emigration
aus Syrien. Sofern er das Unbehagen seines Umfelds und
zunehmend auch die Unzufriedenheit seiner Frau über
seine Situation als Arbeitsloser verdrängen kann, fühlt
sich Schami in diesen knapp zwei Jahren wohl. In jenen
Momenten, in denen er mit sich und seiner Literatur alleine ist, ist er sogar regelrecht glücklich: »In dieser Zeit

entdeckte ich etwas, eine mir neue Freude, dass ich ungestört zehn Stunden ohne Unterbrechung an einem Stück
arbeiten konnte. Ich war ausgetreten aus allen Ämtern,
Parteien etc. und lebte zum ersten Mal in meinem Leben
nur für die Literatur.«

Im September 1980 findet Schami dann eine lukrative
Stelle als Pharmareferent bei einem großen Pharmakonzern.
Seine Aufgabe war die wissenschaftlich-pharmazeutische
Beratung von Klinikärzten im Bereich Baden-Württem-
berg und Saarland; für den Verkauf an die Großkunden
hatte er einen Kaufmann an seiner Seite. »In dieser Zeit
war ich der unglücklichste Mensch auf Erden. Ein harter
Managerjob und wieder die Notwendigkeit, die wichtigste Arbeit, die einem das Herz erobert hat, nebenbei machen zu müssen.« In seinem Team fühlte er sich wohl; an
seinen Chef erinnert er sich heute als einen angenehmen
Menschen und auch mit seinen Kollegen verstand er sich
gut. Einige besuchen noch nach über zwanzig Jahren immer wieder seine Lesungen. Schami störte jedoch die
Fremdbestimmtheit und Zweckorientierung seiner Tätigkeit. Er versucht, jede freie Minute für das Schreiben, das
er nicht aufgeben will und kann, zu nutzen; so führt er
sogar während des Autofahrens ein Diktiergerät mit sich,
um jeden Einfall festhalten zu können. Damals entstand
das Fragment eines Kriminalromans über Korruption in
der Pharmaindustrie und der Dritten Welt. Der Text wurde Schami allerdings zu pathetisch und er gab die Idee
einer Veröffentlichung auf. Bald musste er jedoch feststellen, dass die Freizeit, die ihm sein Beruf bot, nicht
ausreichte, die literarischen Projekte zu verwirklichen,
die ihm vorschwebten. Er wird hin und her gerissen zwischen der Gebundenheit des Brotberufs und der Sehnsucht nach einem selbstbestimmten Leben in seiner Berufung als Erzähler.

Andererseits fühlt er, dass sowohl seine Frau als auch
seine Familie in Damaskus in ihm vor allem den erfolgreichen Chemiker sehen wollen und eine Entscheidung
für die Literatur nicht verstehen würden. Seine Eltern

hatten ihn in dieser Zeit zwei Mal besucht und waren stolz auf »ihren Doktor Fadél mit Dienstwagen«. Im Spätsommer 1982 durchlebt er eine Krise: Von einem der vielen unpersönlichen Geschäftsessen zurückgekehrt, fragt er sich, alleine in seinem Hotelzimmer in Saarbrücken, ob dies wirklich das Leben sei, um dessentwillen er der Diktatur entflohen war und seine Heimat zurückgelassen hat. Lange hatte ihn die Rücksicht auf seine Frau und seine Familie sowie die eigene Angst vor dem Risiko zurückgehalten, doch in diesem Moment war die Entscheidung geboren, den Beruf als Chemiker aufzugeben und freier Schriftsteller zu werden.

Es war eine Entscheidung, die sein Leben grundlegend verändern sollte. Sie war die Bedingung für seinen späteren literarischen Erfolg. Sie markiert aber auch den Beginn des Endes seiner ersten Ehe. Die Mathematikerin und Computerexpertin Bettina Malmberg hatte 1979 nicht den Schriftsteller Rafik Schami, sondern den Chemiker Suheil Fadél geheiratet. Die Ehe scheitert letztendlich an den unterschiedlichen Lebensentwürfen Schamis und seiner ersten Frau, die nicht miteinander vereinbar waren. Im Sommer 1985, fast parallel zu Schamis Trennung von der Südwind-Gruppe, ging das Ehepaar auseinander.

Diese beiden Einschnitte im Leben Rafik Schamis, denen eine Phase der Trauer und der Zwietracht vorangegangen war, wirkten nach einer gewissen Zeit wie eine Befreiung. Er bezieht nun eine kleine »Junggesellenwohnung« im Dachgeschoss eines Mietshauses in Mannheim-Freudenheim – stimmigerweise in der Rückertstraße –, die für ihn zum Refugium und zur literarischen Werkstätte wird. Dort liest und korrigiert er die Manuskripte all der Texte, die zuvor u. a. auch in Hotelzimmern oder auf Zugfahrten während seiner Reisen entstanden waren, neben Märchen, Erzählungen und Geschichten auch den Text seines ersten Romans *Eine Hand voller Sterne*, der zugleich sein erster großer Erfolg werden sollte. Durch die Ersparnisse aus seiner Berufstätigkeit zunächst finanziell abgesichert, lebt Rafik Schami während der nächsten

fünf Jahre vollkommen ungebunden nur für seine Literatur.

Die Anregungen und Ideen für die Geschichten seiner
Sammlungen stammen, wie Schami betont, noch aus seiner Kindheit und Jugend: »Ich hatte Glück mit einer
Nachbarschaft (das heißt in Damaskus die ganze Gasse),
die wirklich einem Fellini-Film entstiegen sein könnte:
Kuriose, verrückte, göttlich schöne und teuflisch häss-
liche Menschen. Zauberer, Schlitzohren, kleine Halunken,
edle Frauen und Männer, Haschischraucher, Spieler, Fäl-
scher, vom Vatikan nicht anerkannte Heilige und Frömm-
ler. Es ist eine Karawane, die mich bis heute großzügig
bedient. Ich habe einmal einem Freund gesagt, ich habe
bis heute keine einzige Figur erfunden. Und trotz meiner
fiktiven Armee, die ich bis heute erzeugt habe, kann ich
schreiben, bis ich 100 werde, und habe immer noch Re-
serven. Ich habe den Verdacht, all diese Menschen in der
Abbara-Gasse ahnten, dass ich Erzähler werde, und haben mir alles vorgespielt, auch weil sie wussten, dass ich
keine Phantasie besitze. […] Ich nannte diesen Zustand:
Die Abbara-Akademie.«

Einen besonderen Stellenwert innerhalb der Sammlungen Schamis haben sicherlich die *Märchen aus Malula*
(1987), eine Sammlung von Märchen seines Heimatdorfs.

(Johann Michael) **Friedrich Rückert** (*16.5.1788 in Schweinfurt; † 31.01.1866 in Neues bei Coburg) war Lyriker, Übersetzer, Dramatiker und Orientalist. 1818 ließ sich Rückert von dem Orientalisten und Übersetzer Joseph von Hammer-Purgstall ins Persische und Arabische einführen, was ihn zu bedeutenden Formexperimenten in seiner eigenen Lyrik führte; so verwendete Rückert beispielsweise als erster deutscher Dichter die arabische Gedichtform der Ghasele. 1826 wurde der promovierte Philosoph und Philologe auf eine Professur für Orientalistik in Jena berufen.

Diese Texte haben den besonderen Reiz, keine Kunstmärchen, sondern echte aramäische Volksmärchen zu sein. Wie ein oraler Erzähler im Orient erzählt Schami die Geschichten so nach, wie es ihm am plausibelsten und schönsten erscheint, ohne dabei ihren Kern zu verändern. Wie der Leser in der Vorrede der Sammlung erfährt, wurde Schami durch einen Zuhörer seiner Lesung auf die Texte auf-  merksam. Die beiden Ethnologen Eugen Prym und Albert Socin hatten sie sich im Jahre 1869 von den Einwohnern Malulas erzählen lassen, um sie in aramäischer Lautschrift und deutscher Übersetzung für Studienzwecke herauszu- bringen.[1]

Der Erfolg Schamis beim deutschen Publikum gründet zu einem nicht geringen Teil auf diesen Märchensamm- lungen. Märchen erfreuen sich in Deutschland seit dem 18. Jahrhundert und der Romantik einer großen Beliebt- heit, man denke nur an die *Kinder- und Hausmärchen* der Brüder Grimm. Neben diesen »deutschen« Volksmärchen gab es hierzulande auch immer schon eine Begeisterung für orientalische Märchen, so für einige wenige bekannte *Märchen aus 1001 Nacht*, wie *Sindbad der Seefahrer* oder *Aladin und die Wunderlampe*, in erster Linie jedoch für die Märchen Wilhelm Hauffs, wie *Kalif Storch*, die aus keiner Märchensammlung wegzudenken sind und im Bewusst- sein der Leser fast schon den Status von Volksmärchen erlangt haben. Das Besondere und Charakteristische der Hauffschen Märchen ist die Mischung von Elementen des deutschen Alltagslebens, die von einem gewissen realistischen Anspruch geprägt sind, mit orientalischen

---

1 Die Märchen wurden veröffentlicht in: Eugen Prym u. Albert Socin, Der Neuaramäische Text des Tûr Abdîn, Göttingen 1881, wie auch in G. Bergsträsser (Hg.), Neuaramäische Märchen und andere Texte aus Maʿlula. Leipzig 1915. (= Abhandlungen für die Kunde des Morgenlandes Bd. XIII, Nr. 2 und 3).

Märchenelementen. Hauff hat mit der Verbindung von Exotischem und Eigenem die Fremde ›heimisch‹ gemacht. Rafik Schami lernt die Märchen von Hauff erst verhältnismäßig spät kennen, aber er kann mehr als 150 Jahre später daran anknüpfen, indem er den Orient mit seinen Geschichten und seiner Präsenz auf der Bühne in die deutsche Realität holt. Als gebürtiger Syrer verkörpert er ein Stück Orient und kann dem deutschen Publikum in einer zuvor nicht gekannten Authentizität die Erzähltradition seiner Heimat nahe bringen.

Schami hat es mit seinen märchenhaften Geschichten und Fabeln verstanden, in den Deutschen eine Sehnsucht nach einer Form des Phantastischen wiederzuerwecken, die in die Bilderbücher und damit in die Kinderzimmer verbannt zu sein schien. Aus einer Kultur stammend, die eine Unterscheidung zwischen Kinder- und Erwachsenenliteratur nicht kennt und für die das »Märchen« allen Generationen Lese- oder vielmehr Hörstoff bietet, hat Schami die Deutschen in eine Zeit vor der literarischen Wende zum europäischen Realismus des 19. Jahrhunderts zurückgeführt, in der Märchen, wie heute noch in Arabien, generationsübergreifender Unterhaltungsstoff waren. Die in Europa bekanntesten orientalischen Märchen, die Sammlung der *1001 Nacht*, werden im Arabischen

---

Wilhelm Hauff (1802–27) verfasste innerhalb von drei Jahren folgende Märchenalmanache: *Die Karawane* (1826), *Der Scheik von Alessandria und seine Sklaven* (1827) und *Das Wirtshaus im Spessa*rt (1828). *Die Karawane* enthält durchweg orientalische Märchen, so etwa ›Die Geschichte vom Kalif Storch‹ und ›Die Geschichte vom kleinen Muck‹. In *Der Scheik von Alessandria* spielt die Rahmenhandlung im Orient, innerhalb der allerdings »okzidentale« Märchen erzählt werden, wie beispielsweise ›Der Zwerg Nase‹. Im *Wirtshaus im Spessart* sind die Märchenformen gemischt, die Sammlung enthält neben ›Saids Schicksale‹ u. a. das bekannte Märchen ›Das kalte Herz‹.

Hikaja genannt, was soviel wie »Erzählung« bedeutet. Etymologisch ist *Hikaja* mit dem Wort für »Nachahmung« verwandt; die *Märchen aus 1001 Nacht* sind demnach Erzählungen, die mit Worten das Leben nachahmen. Das deutsche Wort *Märchen* stammt etymologisch vom mittelhochdeutschen Wort *maere* ab, was soviel bedeutet wie »Nachricht, Kunde« oder auch »Erzählung, Bericht«. Ein *Märchen* ist in seiner Grundbedeutung zunächst auch im Deutschen also nichts anderes als eine »kleine Erzählung«. Sowohl das arabische Wort *Hikaja* als auch das deutsche Wort *Märchen* sagen also ursprünglich nichts aus über Wahrheitsgehalt einer Geschichte oder über den angesprochenen Rezipientenkreis.

Die Sammlung *Alf Laila wa-Laila (Märchen aus tausendundeiner Nacht)* stammt vermutlich ursprünglich aus Indien, die Namen der Protagonisten der Rahmenhandlung sind persisch. *Die Märchen aus tausendundeiner Nacht* haben als ein Werk der oralen Volksliteratur keinen Verfasser, und es ist zu vermuten, dass sich die Gestalt der Sammlung sowohl inhaltlich wie auch im Umfang im Laufe der Jahrhunderte stark verändert hat; ursprünglich ist »tausend« nicht als Zahlwort zu lesen, sondern als Partikel, der so viel bedeutet wie ›eine nicht vorstellbar große Zahl‹. Die ersten arabischen Erzählungen der Sammlung datieren mindestens zurück aufs frühe 9. Jahrhundert, das älteste Fragment einer Handschrift (Titelblatt und erste Seite) trägt das Datum Oktober 879. Die älteste überlieferte Handschrift, die bis zur 282. Nacht reicht, stammt aus der Mitte des 15. Jahrhunderts und wurde in Syrien geschrieben; die ältesten Handschriften, die Erzählungen über 1001 Nächte umfassen, stammen aus Ägypten. Der erste arabische Druck der *Märchen aus tausendundeiner Nacht*, auf der Grundlage einer vollständigen ägyptischen Handschrift, erschien 1824 (1. Bulaker Druck) als einer der ersten Drucke nach der offiziellen Einführung des Buchdrucks in Arabien.

Die Trennung in eine Literatur für Erwachsene und für Kinder ist auch in Europa noch relativ jung. Erst die Aufklärung entdeckt die Kindheit als eine eigenständige Entwicklungsphase im menschlichen Leben. Angeregt durch die Lehren der Philosophen John Locke und Jean Jacques Rousseau, dessen Roman *Emile* einen besonderen Stellenwert einnimmt, tritt die christliche Erbsündedoktrin zurück und es entwickelt sich die Idee von der natürlichen Unschuld des Herzens und der kindlichen Eigenständigkeit. Aus dieser Aufwertung von Kindheit entsteht im 18. Jahrhundert zunächst eine Kinderliteratur, in der Didaktik und die Formung des kindlichen Geistes und der kindlichen Vernunft im Vordergrund stehen. In der Romantik wird das Kindheitsbild dann allerdings um eine visionäre Qualität bereichert und in die Nähe zur dichterischen Einbildungskraft gerückt; zugleich erfolgt eine mythische Erhöhung der Kindheit als Hort der (göttlichen) Unschuld, Kindheit wird zum Symbol für eine glückliche, vormoderne Zeit. Sowohl Rousseau als auch die Romantiker thematisieren Kindheit allerdings in erster Linie für ein Erwachsenenpublikum; die Literatur für Kinder blieb bis Mitte des 19. Jh.s im engeren Sinne autoritär angelegt und didaktisch ausgerichtet. Doch im 19. Jh. bildet sich zunehmend ein eigenständiger Kinderbuchmarkt heraus. Das romantische Kindheitsbild wird für die Kinderliteratur nutzbar gemacht und das Kinderbuch löst sich vom Primat der didaktischen Absicht: Dem Kind wird das Recht auf eine eigene, zuallererst faszinierende Literatur zugestanden.

Aus seiner eigenen Kindheit ist Schami die Trennung von Kinder- und Erwachsenenliteratur fremd; dennoch hat er neben Märchen für Erwachsene und Kinder immer wieder Kinder- und Jugendliteratur geschrieben. Sein erstes Kinderbuch *Luki. Die Abenteuer eines kleinen Vogels* erschien 1983 nach einem zufälligen Treffen bei einer Lesung; ein Lektor des W. Fischer-Verlags Göttingen hörte die Geschichte und befand, sie passe in seinen Verlag. Das Buch ist mit Illustrationen von Theo Scherling ausgestattet. Im selben Verlag erschien zwei Jahre später auch Schamis zweites Kinderbuch *Weshalb darf Babs wieder lachen*, illustriert von Erika Rapp. In diesen beiden ersten Kinderbüchern verarbeitet Schami in einer für kindliche Leser aufbereiteten, jedoch niemals kindertümlichen Form eigene Erfahrungen. Die Geschichte von Babs, die in einem Kö-

nigreich lebt, in dem das Lachen verboten ist, der es aber trotz der Androhung schlimmster Strafen nicht gelingen will, ihr Lachen zu unterdrücken, behandelt das Thema der Zensur. Die Geschichte des kleinen Vogelmädchens Luki, das zunächst von seinen Brüdern aus dem Nest geworfen und später von der Mutter verstoßen wird, dann jedoch das Beste aus ihrer Situation macht, zusammen mit einem neuen Freund die Welt erkundet und die in ihr lauernden Gefahren meistert, ist eine Verarbeitung der eigenen Exilerfahrungen. Rafik Schamis Kinderliteratur ist zumeist mit der Sehnsucht nach dem realen Raum der Kindheit verbunden; wie die meisten Kinderbuchautoren schreibt Schami zuallererst für das Kind in sich selbst. Am deutlichsten ist dies im autobiographisch geprägten Jugendroman *Eine Hand voller Sterne* zu spüren. Dabei überwindet er in der kreativen Tätigkeit nicht nur die zeitliche Trennung zur Kindheit, sondern auch die noch schmerzlichere, weil bewusstere räumliche Trennung zu den Orten der Kindheit.

Die Idee, für Kinder zu publizieren, stammt allerdings schon aus der Zeit der Herausgabe der Wandzeitung *al Muntalak*: Schami musste eines Tages feststellen, dass sich die Kinder nicht für die Zeitung interessierten; erschrocken über die Vorstellung, die Kinder »seiner Gasse« zu langweilen, übernimmt er in der Redaktion den »Kinderteil«. Daraus entsteht ein innerer Auftrag, den er auch später nicht aufgibt. So liefert er regelmäßig die Texte für Bilderbücher, die z. T. von namhaften Illustratoren bebildert wurden: 1989 entsteht zusammen mit Peter Knorr *Der*

32 Im Berliner
Ensemble
Anfang der
90er Jahre

Wunderkasten, 1999 mit Wolf Erlbruch *Das ist kein Papagei!*
und 2003 mit Ole Könnecke: *Wie ich Papa die Angst vor
Fremden nahm.* Andere Bilderbücher entstehen, als Illustratoren seine Märchen als Textgrundlage ihrer Bilder nehmen, so z. B. die drei Bücher *Der Schnabelsteher, Fatima und
der Traumdieb* und *Albin und Lila*, die von Els Cools und
Oliver Streich illustriert wurden.

In vielen dieser Texte ist eine politische oder gesell-
schaftskritische Botschaft verborgen. Sie kann sich allerdings auch relativ offen zeigen, wie in seinem zuletzt erschienenen Bilderbuch *Wie ich Papa die Angst vor Fremden
nahm* (2003). Der Text, von wunderbaren Bildern von Ole
Könnecke begleitet, thematisiert die durchaus natürliche
Angst des Menschen vor dem Anderen und Unbekann-
ten, die sich eben auch in der Furcht vor fremden Menschen äußert und die letztlich nur aus Unwissenheit
resultiert. Erzählt wird, wie zwei Familien über die
Freundschaft ihrer beiden Töchter zu einander finden; einem Vater, der Angst vor Fremden hat, steht eine afrika-
nische Familie gegenüber, welcher der weiße Mann ebenso fremd ist und den sie deshalb in ihrer Phantasie mit
völlig falschen Eigenschaften ausstatten. Doch auch andere Bilderbücher Schamis, die zunächst nur eine einfache
Geschichte zu erzählen scheinen, sind vielschichtiger. So
thematisiert und beklagt beispielsweise die in Arabien
spielende Erzählung *Der Wunderkasten* in letztlich ver-

söhnlicher Weise den Verlust der Oralität im Orient und die zunehmende falsche Form der Verwestlichung durch Werbung, schlechte Filme und Groschenromane.

In ebenfalls versteckter, zudem lustiger Weise wird dieser Verlust der oralen Kultur in der Vorrede der *Märchen aus Malula* beklagt, in der Schami die Geschichte seiner Großmutter erzählt, die Schwierigkeiten hatte, seinen lebhaften Bruder und ihn zu bändigen, weil ihr die Gabe fehlte, mitreißend und spannend zu erzählen. Schami erinnert sich an seine Großmutter, Naschala Joakim, als eine »sanfte Heilige der Geduld«. Sie war eine Bäuerin, klein von Gestalt, ängstlich und moralisch, aber dennoch gütig. Häufig musste sie aus ihrem Dorf Malula in die Stadt kommen, um bei der Familie ihrer Tochter auf ihre Enkel aufzupassen. Obwohl sie selbst in ihrem Leben viel erlebt hatte, gelang es den Kindern immer wieder, sie mit den »Damaszener Spezialitäten an Unmoral« zu erschrecken.

Der Autor als Erzähler: Die Lesungen

»Ich verdanke meinem Publikum alles.«

Zur Zeit der Kindheit und Jugend Rafik Schamis steht die syrische Gesellschaft mit einer Analphabetenrate von bis zu 90 % noch stark unter dem Einfluss der für Arabien so bedeutsamen Tradition des oralen Erzählens, mit der eine hohe Wertschätzung des Wortes und eine Geringschätzung der Abbildung bis hin zum Bilderverbot einhergeht. Schami selbst erklärt sich dieses Phänomen bei den Völkern Arabiens aus ihrer Existenz als Wüstenbewohner: »Zunächst ist die Wüste eine große Förderin der oralen und eine große Bremse für die visuelle und schriftliche Kunst. Die Stille fördert das mündliche Erzählen und seine Voraussetzung: das Zuhören. Monotonie und Kargheit auf den langen Reisen verlangten nach Unterhaltung. Damit war der Weg für Erzähler und Nacherzähler geebnet.« Aus dem Bedürfnis der Menschen nach Geschichten entwickelte sich schon in vorislamischer Zeit die Kunstfertigkeit der Rezitation, die bald hoch geachtet wurde. Wie die europäischen Fürsten und Könige des Mittelalters unterhielten die arabischen Sippenoberhäupter, Emire und Sultane »Hofdichter«, deren eine Aufgabe es war, die Bedeutung, den Mut und die Großzügigkeit ihres Herrschers zu besingen und seinen Ruhm so in die Welt zu tragen. Eine zweite Aufgabe dieser »Hofdichter« bestand in der Unterhaltung des Hofstaats. Jeder junge Dichter diente sich als Rezitator bekannter Größen hoch. Die Hochachtung vor der Rezitation förderte die Passion wie die Überschätzung des Auswendiglernens und der Rhetorik in der arabischen Kultur. Als begabt und gut, auch in vorislamischer Zeit, galt und gilt dort bis heute derjenige, der ohne Vorlage vortrug und erzählte. Selten liest ein Professor oder Politiker seine Rede vor. Die positiven wie negativen Auswirkungen dieser Kultur der Rezitation hat Schami in seiner Rede *Eine Hand kann alleine nicht klatschen* beschrieben.

Schami lernte in seiner Kindheit viele verschiedene Spielarten der Oralpoesie kennen. Da gibt es etwa die Frauen, die in den Innenhöfen der Häuser oder am Badetag im *Hamamm*, dem öffentlichen Bad, zusammensitzen und erzählen: Klatsch und Tratsch, kleine Anekdoten aus dem eigenen Leben oder der Nachbarschaft sowie lustige oder nachdenkliche kleine Erzählungen. Immer wieder sind auch die Kinder dabei, die von ihren Müttern ermuntert werden, ihre eigenen Geschichten zum Besten zu geben. Dabei darf nicht vergessen werden, dass die Frauen zumeist nicht lesen konnten und das Medium Fernsehen in den 50er Jahren das »Medium Erzählung« noch nicht verdrängt hatte. Von dieser ersten Gruppe der »Oralpoeten« sieht sich Schami selbst am meisten beeinflusst. Da gibt es weiter die älteren und erfahrenen Männer, die meist schon aus dem Berufsleben ausgeschieden sind und sich die Zeit nun mit dem Erzählen von Geschichten vertreiben; diese Spielart der Oralpoesie stellt Schami in seinem Roman *Erzähler der Nacht* vor. Die Art des Erzählten reicht von Alltags- bis zu anspruchvollen philosophischen Geschichten: Wahrheit und Lüge wurde gemischt, Skandale wurden verbreitet und Witze gegen die Herrscher erzählt, weniger in revolutionärer Absicht als vielmehr als Ventil.

Ein wichtiger Repräsentant der Oralpoesie ist der *Hakawati*, der Kaffeehauserzähler, der jedoch zumeist in seinen Geschichten zurückhaltender und in gewissem Sinne »regierungstreu« ist, auch aus Angst seine Stelle zu verlieren. Schami erinnert sich, dass er schon in seiner Kindheit von den Darbietungen dieser professionellen Erzähler nur wenig beeindruckt war: »Der offizielle Kaffeehauserzähler war mir als Kind, wenn ich Vater begleiten durfte, zu laut, zu theatralisch und zu primitiv. Er ist ein elender Nachfolger dieser erhabenen Erzähler, denn er erzählt nie seine eigenen Geschichten, sondern ein merkwürdiges Konglomerat aus allen möglichen Versatzstücken bekannter Werke.« In Schamis Geschichten wird dagegen leicht erkennbar, dass nach seiner Erinnerung das Handwerk des Erzählens in den Gassen der Damaszener Altstadt überall und immer gegenwärtig war, in den Innenhöfen der Nachbarschaft, bei Verwandten, beim Friseur, selbst in den Kindergruppen. All diese vielen anonymen Erzähler seiner Kindheit, die Menschen faszinieren und ihre Zuhörer rasch ins fiktive Reich ihrer Geschichten hineinziehen konnten, bezeichnet Schami als seine Lehrmeister.

Als er 1980, mit 36 Jahren, zum ersten Mal in Deutschland vor ein Publikum tritt, um seine eigenen Geschichten zu erzählen, helfen ihm diese Erinnerungen an die Erzähltradition seiner Kindheit. Er wehrt sich, seine Identität als arabischer Erzähler aufzugeben, erzählt seine Geschichten trotz der Hürde der noch immer fremden Sprache von allem Anfang an frei und definiert so den deutschen Begriff »Lesung« neu: »Ich ging davon aus, dass meine Art zu erzählen hier eher einem Ein-Mann-Theater als einer Lesung im eigentlichen Sinne glich. Viele rieten mir davon ab vorzutragen. Ich fragte mich, warum soll ein selbstbewusster Araber Europäer nachahmen? Warum kopieren Deutsche 1001 Neuheiten aus den USA und wären nicht imstande, meine neue Art zu erzählen zu akzeptieren.« Die Anfänge waren mit Risiko verbunden und nicht frei von Angst. Das erste Publikum in Deutschland, bei dem Schami angekommen war, bestand aus Freunden, engagierten Linken. Wie ein fremdes großes Publikum reagieren würde, wusste keiner. Nach wenigen Experimenten, bei denen er auch versuchte, zwischendurch kleine Passagen vorzulesen, wobei er sich jedoch selbst nicht wohl fühlte, kehrte Schami zu seiner Art des freien Erzählens zurück. Nur dann, wenn er seine Zuhörer beim Erzählen auch anschauen kann, hat er das Gefühl, sein Publikum im Griff zu haben. Der Erfolg sollte ihm Recht geben: Bis heute sind die Zuhörer immer wieder aufs Neue von Schamis Art, die Geschichten wie frei fabulierend vorzutragen, fasziniert.

Die ersten Lesungen waren auf direkte Einladung hin

von Universitäten, Volkshochschulen, Schulen, Buchhand-
lungen, Bibliotheken oder Vereinen im Rhein-Neckar-
Raum zustande gekommen. Weil sich Schami in der
Fremdsprache erst einmal ganz sicher fühlen wollte, waren die vorgetragenen Texte in den Anfängen mit etwa
10–15 Minuten noch sehr kurz: »Ich hatte genug Märchen, Satiren und Kurzgeschichten, so dass ich mich nie
wiederholen musste.« Nach dem Schneeballsystem er-
zeugte eine Lesung mehrere andere und erweiterte so
auch geographisch den Kreis des Publikums. Bis heute
fragen nach jeder Lesung mehrere Zuhörer, ob Schami
nicht in ihrer Organisation oder bei einem von ihnen organisierten Fest eine Lesung halten möchte. Nachdem die
ersten Bücher der Südwind-Gruppe erschienen waren,
wurden die vier Autoren, Biondi, Naoum, Schami und
Taufiq in den Jahren 1980–82 immer wieder als Gruppe
von Herausgebern eingeladen. Doch Schami empfand
diese Art der Veranstaltungen zunehmend als unbefrie-
digend, da es ihm als absurd erschien, dem Publikum an
einem Abend vier verschiedene Darbietungen zu offerie-
ren, die stilistisch stark voneinander abweichen. Ende
des Jahres 1982 fällt Schami die Entscheidung, von nun
an alleine aufzutreten, was er bis heute durchgehalten
hat. In den Jahren 1982–84 nehmen die Soloauftritte Schamis zu, zusätzlich tritt er als Mitorganisator oder Leiter
zahlreicher Vorträge, Seminare, Arbeitsgruppen und Kon-
gresse auf. 1984 hatte Schami seinen ersten kleinen Solo-
erfolg als Buchautor mit der Sammlung *Das letzte Wort
der Wanderratte*, woraufhin ihm der Neue Malik Verlag
im Herbst die erste eigene Lesereise organisierte. Der
Verlag bot den Buchhändlern Lesungen günstig als Ser-
vice für die Kunden an; nicht alle nahmen das Angebot
wahr, aber immerhin hatte Schami bereits im ersten Jahr
30 Termine von Berlin bis Wien. Der erste Auftritt dieser
Lesereise zu *Das letzte Wort der Wanderratte* fand im Kre-
felder »Buchladen am Rathaus« der Buchhändlerin Bärbel
Winterstein vor einem wohlgesinnten und zumeist linken
Publikum statt: Bei dieser Lesung 1984 entwickelte sich

33 Beim Signieren

eine Freundschaft zwischen Schami und der inzwischen pensionierten Buchhändlerin.

In den frühen 80er Jahren nahm in Deutschland die Sensibilisierung für das interkulturelle Leben allmählich zu und so stieg auch das Interesse für eine Darbietung deutschsprachiger Literatur arabischer Prägung. Damals waren die Reaktionen des noch kleinen Publikums, meist kamen nicht mehr als 20 Menschen, gemischt. Manche links-alternative Zuhörer machten sich im Vorfeld allerdings falsche Vorstellungen und wurden enttäuscht, weil sie sich einen Abend mit Weihrauch, Turban und Bauchtanz gewünscht hatten. Andere wurden enttäuscht, weil Schami nie über den Zustand der Ausländer gejammert hat. Er selbst spricht hier vom »Sozialarbeiter-Syndrom« beim Publikum. Wiederum andere, zweifelhafte Freunde der Araber, störten sich an Schamis harscher Kritik an den arabischen Regimen, manch einer verließ wütend den Saal. Die Mehrheit war jedoch stets aufs Neue von der Darbietung Schamis begeistert, kam immer wieder und trug durch Mundpropaganda zu einem kontinuierlichen Ansteigen der Publikumszahlen bei. Die Menschen wur-

34 Beim Erzählen

den neugierig auf einen Autor, der seine Geschichten frei
auf der Bühne erzählt. Mit den Besucherzahlen der Lesungen wuchsen auch die Verkaufszahlen der Bücher.
Und so bedingten sich der Welterfolg des Buchs *Erzähler
der Nacht* und die erstmalig bundesrepublikweit ausver-
kaufte Lesung der Geschichten aus *Erzähler der Nacht* im
Jahre 1989 gegenseitig.

Hinter den Lesungen steht harte Arbeit. Jede Veranstal-
tung, in der Schami scheinbar so leicht und unbeschwert
seine Fabulierkunst entfaltet, verlangt im Vorfeld eine ge-
naue und aufwendige Vorbereitung, während derer Schami den Text verinnerlicht. Die Lesung selbst verlangt jedes Mal aufs Neue volle Präsenz. So verdankt Schami
seinen Erfolg sicher seiner Phantasie und seiner Ausstrah-
lung als Erzähler, aber auch der Disziplin, mit der er sich
seinen Tag einteilt, und der Geduld, mit der er 15–20 Jahre
auf den Durchbruch hingearbeitet hat. Im Roman *Sieben
Doppelgänger* beschäftigt sich Rafik Schami im Jahre 1999 –
fast 20 Jahre nach seiner ersten Lesung und etwa ein Jahr-
zehnt nach seinem Durchbruch bei einem breiten Publikum von Zuhörern *und* Lesern – zum ersten Mal auch

literarisch mit seiner Rolle als »greifbarer« Autor. Wie der Leser in der Widmung erfährt, ist der Roman auch eine Begründung dafür, dass Schami Ende der 90er Jahre seine Lesereisen reduzieren bzw. zeitweise aussetzen musste, um in der letzten sehr arbeitsintensiven Phase seines großen Romanprojekts Zeit zu haben. Statt dem Erlebnis für Auge und Ohr, von dem realen Autor Schami in einer Lesung mit Geschichten vom Orient verzaubert zu werden, erhält der Leser nun einen Blick »hinter die Kulissen« des Lebens als reisender Autor. Schami berichtet von seiner Liebe zum Publikum, seiner Leidenschaft für das Erzählen und die Bedingung des oralen Erzählens als Motor seiner Kreativität als schreibender Autor. Zugleich erfährt der Leser einige Anekdoten aus Schamis reichem Erfahrungsschatz als reisender Autor. Eingeflochten in die Berichte über vergangene Abenteuer, Erfolge und Niederlagen auf der Bühne ist auch die Erzählung von Schamis erster »Lesung« vor einem größeren Publikum: der Vortrag des damals Fünfzehnjährigen vor dem Katholischen Klub von Damaskus. Bemerkenswert ist die Rolle, die der Vater Schamis in dieser Erzählung spielt: Geplagt von Ängsten, ein anderer Junge, dem der junge Suheil die Freundin ausgespannt hatte, könnte seinen Auftritt stören und ihn der Lächerlichkeit preisgeben, holt sich der Junge Rat bei seinem Vater. Und es ist der Vater, der sein Selbstbewusstsein stärkt, indem er dem Sohn vermittelt, dass er an seine Fähigkeiten als Erzähler glaubt. So kommt Schami zu dem Schluss, dass der weise Rat seines Vaters seine Karriere als Erzähler einleitete. Doch der Leser erfährt auch von den Schattenseiten des Daseins als reisender Autor. In diesem Buch erscheint Schami in acht Personifikationen. Die sieben Doppelgänger, die sieben »falschen« Rafik Schamis, dienen dem Autor als Spiegel eigener Ängste: Ausgangspunkte der Geschichte sind die Angst vor der Überforderung wie die Angst, die Kreativität des Schreibens könnte unter den Begleitumständen des Reisens leiden; das Reisen wiederum ist jedoch ein unabdingbarer Begleiter der Kreativität des Erzählens.

Jeder einzelne Doppelgänger steht individuell für eine spezifische Angst Schamis, oder aber er repräsentiert ein Stereotyp oder Bild, das die Deutschen mit dem Autor aus Arabien, wie auch mit jedem anderen erfolgreichen Künstler, verbinden könnten. So spiegelt sich in der Hysterie von Aqil Maisun die Angst vor der Ablehnung der Deutschen im Allgemeinen oder des Publikums einer Lesung im Speziellen, die Schami besonders am Anfang seiner Karriere begleitet haben mag. Christos Papadopulos dagegen, der verhinderte Autor, dessen Karriere als »Sami Schami« schneller beendet ist, als sie begonnen hat, repräsentiert die Angst des schon berühmten Autors, die eigenen Geschichten könnten einst nicht mehr von den Lesern gemocht werden und er könnte – so wie Papadopulos – in Vergessenheit geraten. Die beiden Doppelgänger Aladin Ido und Gino Bianco hingegen stehen für das Bild des Deutschen vom orientalischen Erzähler und repräsentieren so die Ängste Schamis, er könnte genauso vom Publikum gesehen werden: Aladin Ido verkörpert das Klischee eines südländischen Liebhabers und Frauenhelds, der seine eigene Ehefrau unterdrückt und wie eine Sklavin behandelt, selbst jedoch ein Liebesabenteuer nach dem anderen hat. Gino Bianco hingegen repräsentiert den Deutschenhasser, dessen Lyrik bei der Klage über die Deutschen stehen bleibt; ein Bild, das manch ein Kritiker von dem ehemaligen Gastarbeiterliteraten Schami gehabt haben mag. Und auch Salman Attabil steht für ein typisches deutsches Klischee des Orientalen: Er ist der Chaot, der unfähig ist, Termine einzuhalten. Schadi Malas schließlich, der Syrer aus Damaskus, steht ein für eine sehr persönliche Angst des Fremden, die Befürchtung nämlich, von den Menschen, und im Besonderen von den Frauen, nicht um seiner selbst willen geliebt zu werden, sondern nur auf Grund der Exotik, die er für sie verkörpert. Doch Schadi Malas wird nicht nur Opfer der Sucht der Deutschen nach Exotismus, er wird auch zum Diener dieses Wunsches nach exotischer Folklore, als er in den Lesungen als orientalischer Hampelmann auftritt. So wird in die

Geschichte dieses Mannes auch eine Warnung vor der Gefahr einer falschen Bedienung von Exotismus eingeflochten. Das entspricht Schamis Grundsatz, in einer Weise vom Orient zu erzählen, die vom Realismus und der Kritik bis zum Märchenhaften und zur Verklärung reicht, die aber nie der Gefahr der Lächerlichkeit preisgegeben wird. Die privateste und persönlichste Figur freilich ist Doppelgänger »R 7«, Rafik Schami, der Sohn einer Familie, die ursprünglich zum syrischen Establishment gehörte. In ihm bündeln sich die Erfahrungen und Ängste des jungen Rafik Schami, der nur unter Gefahr und unter dem Schutz eines Pseudonyms – ein Name, der nicht ihm gehört, wie ihm von »R 7« verächtlich klar gemacht wird – seine Literatur veröffentlichen konnte. Diese Figur steht für die Zensur der arabischen Länder, die nur Literatur zulässt, welche die offizielle »Wahrheit« vertritt, und die den *echten* Rafik Schami noch heute in seinen Alpträumen verfolgt, in Alpträumen, nach deren Erwachen er sich klar machen muss, dass er diese Zensur für immer besiegt hat – sie »getötet« hat, so wie die Figur ›Rafik Schami‹ am Ende des Romans den Doppelgänger »R 7« tötet. Insofern ist dieser Roman, der so leicht daher kommt und sich an vielen Stellen in die Maske des schwarzen Humors hüllt, auch ein sehr persönliches Zeugnis von der Befindlichkeit des Autors, der es lernen musste, nach der schmerzlichen Erfahrung des Exils und der Zurückweisung der eigenen Literatur im Heimatland, als einer der beliebtesten Autoren Deutschlands in der Öffentlichkeit zu stehen.

In den 25 Jahren von der ersten Lesung im Jahre 1980 bis zur Lesereise zum Roman *Die dunkle Seite der Liebe* von Herbst 2004 bis Frühjahr 2005 hat Rafik Schami über 1500 Lesungen gehalten; bis Ende 1995 führte er selbst noch genau Buch und zählte im Dezember 1231 Lesungen, danach hörte er auf zu zählen. Die meisten Lesungen fanden während seines Lebens als Junggeselle im Zeitraum von 1985–1992 statt. In diesen Jahren hielt er bis zu 150 Lesungen pro Jahr, nicht selten drei an einem

Tag, morgens in einer Schule, nachmittags in einer Bibliothek und abends in einer Buchhandlung. Man kann daher durchaus mit Recht sagen, dass sich Rafik Schami seinen Erfolg hart erkämpft hat. Eine Ursache dafür liegt bei
seinem Charisma als Erzähler. Schami verdankt den Besu-
chern seiner Lesungen vieles, und er ist sich dessen bewusst und versucht immer wieder aufs Neue der Treue
und Hingabe seiner Fans gerecht zu werden: »Ich verdanke meinem Publikum alles, und das lasse ich es spüren.«

Einer, wie er sich erinnert, »schlecht organisierten« Lesung in der Nähe von München hat Schami zudem sein
privates Glück zu verdanken. 1990 lernt er bei einer Lesung zu *Erzähler der Nacht* die Künstlerin und Schriftstel-
lerin Root Leeb kennen. Root Leeb wurde 1955 in Würz-
burg geboren und zog 1970 mit ihrer Familie nach München.
Dort lebte und arbeitete sie bis 1991. Nach dem Abitur
hatte sie Germanistik und Philosophie sowie Sozialpäda-
gogik studiert und mit Magister bzw. Diplom abgeschlossen. Anschließend unterrichtete sie zwei Jahre lang türkische Jugendliche, wofür sie in Deutschland und in ihren
Ferien in der Türkei Türkisch lernte. Danach arbeitete sie
sechs Jahre als Straßenbahnfahrerin, um sich ihr Leben

35 Mit Root
Leeb Anfang
der 90er Jahre

als freischaffende Künstlerin zu finanzieren; es entsteht *Tramfrau. Aufzeichnungen und Abenteuer der Straßenbahnfahrerin Roberta Laub*, ein Buch mit kurzen Geschichten voll leiser Traurigkeit, Sehnsucht und erfrischender Situationskomik. Wie die Figur der Molly in *Die Sehnsucht der Schwalbe* hat Root Leeb neben ihrem Talent als Zeichnerin und Autorin viele Interessen, vor allem Lesen und Musik. Früher spielte sie mehrere Instrumente, Flöte, Gambe und Gitarre, heute spielt sie Klarinette, täglich am frühen Morgen. Für Rafik Schami ist sie »eine Intellektuelle mit begnadetem Erzähltalent in Wort und Farbe«, was sie mittlerweile in mehreren Veröffentlichungen bewiesen hat.

Rafik Schami und Root Leeb sind sich bei ihrer ersten Begegnung auf Anhieb sympathisch, sehen sich allerdings zunächst ein Jahr lang nicht wieder. Sie telefonieren öfter miteinander und schreiben sich Briefe. Bei einem weiteren Treffen in Mannheim wird aus Sympathie und Zuneigung Liebe: »Bei der persönlichen Begegnung 1991 begriff ich schnell, dass sie meine Partnerin sein wird.« Schami gibt sein Leben als ungebundener Junggeselle mit oberflächlichen Affären und Beziehungen für Root Leeb auf, und auch sie entscheidet sich für ihn. Wenig später ziehen die beiden zusammen; ein Jahr darauf, im März 1992, wird der gemeinsame Sohn Emil geboren. Im Oktober 1992 heirateten Rafik Schami und Root Leeb und feierten mit 100 Gästen ein orientalisches Hochzeitsfest. Im ersten Jahr der Beziehung begleitete Root Leeb Schami auf seinen Lesereisen. Auch nach der Geburt Emils, Schami hat die Lesungen inzwischen auf eine große Tournee pro Roman reduziert, wird er bis zur Einschulung des Sohnes von seiner kleinen Familie begleitet.

Die Beziehung zwischen Rafik Schami und Root Leeb ist von Anfang an eine kreative Lebens- und Arbeitsgemeinschaft. Schon bald wird seine Frau zu Schamis »Cheflektorin«: Nachdem private wie Verlagslektoren Schamis Arbeit korrigiert haben, kommt »der neue Schami« erst heraus, wenn Root Leeb ihn »abgesegnet« hat. Außerdem übernimmt sie früh die graphische Gestaltung

36   ›Die Farbe der Worte‹

seiner Bücher. Ihre erste Zusammenarbeit ist 1991 die Gestaltung der Erzählsammlung *Der fliegende Baum*, für die
Root Leeb das Cover entwirft und den Anfang jeder Geschichte mit einer Vignette ausstattet. Schami erinnert
sich, dass schon diese erste Zusammenarbeit sehr intensiv war. 1999 geben sie gemeinsam das Buch *Die Farbe der
Worte*, eine gelungene Mischung aus Kunstbild- und Er-
zählband, heraus. Die Bedeutung der künstlerischen Aus-
stattung der Bücher durch Root Leeb für den Bucherfolg
Rafik Schamis ist nicht zu unterschätzen und Schami ist
sich dessen durchaus bewusst: »Ich bin der Meinung,
dass eine der Ursachen meines Erfolges die warme und
anziehende Gestaltung meiner Bücher durch Root Leeb
ist.«

Der Durchbruch: *Erzähler der Nacht*

>>Mein Erfolg überraschte alle, am meisten mich.<<

Die Märchen, Fabeln und phantastischen Erzählungen wie die Auftritte als »greifbarer Autor« bei den Lesungen begründen Rafik Schamis Erfolg bei einem großen, alle Generationsgrenzen überschreitenden (Lese-) Publikum. Aus einer »Liebesbeziehung« zwischen Erzähler und Hörerschaft, die nun schon seit Jahrzehnten besteht, entwickelte sich über die Jahre eine tiefe »Freundschaft« zwischen Autor und Leserschaft, die Schami eine große Sicherheit geben und dazu beitragen sollte, dass Deutschland ihm zur zweiten Heimat wurde. Die deutschen Leser sind die Art von Autorennähe, die Rafik Schami repräsentiert, nicht gewohnt; sie werden positiv überrascht und bringen ihm im Gegenzug viele Emotionen und Sympathien entgegen. Doch ein Leben als »greifbarer Autor« bringt auch Nachteile mit sich. Manche Leser sehen in Rafik Schami nur »ihren« Autor und vergessen darüber den Privatmenschen, der mit seiner Familie ein Recht auf Ruhe und Abgeschiedenheit hat.

Trotz seines Erfolgs als Erzähler orientalischer Geschichten bei einem breiten Publikum wird Rafik Schami durch die deutsche Germanistik lange Zeit relativ stiefmütterlich behandelt und nur als »Gastarbeiter-« und Migrantenliterat oder aber als Kinder- und Jugendbuchautor wahrgenommen. Zudem sieht er sich lange Jahre der Kritik ausgesetzt. Der Erfolg sei Schami in den Schoß gefallen, er präsentiere sich als »arabischer Märchenonkel« oder »charmanter Orientale« und verzaubere damit sein Publikum, die Qualität der Geschichten trete dabei in den Hintergrund und sei sekundär. Andere Kritiker, besonders aus links orientierten Kreisen der Orientalistik und Islamwissenschaft oder der Übersetzung des Arabischen, werfen Schami vor, er vermittle ein falsches, weil märchenhaft geschöntes Bild vom Orient. Häufig wird der politische Autor Rafik Schami übersehen. Dabei trat Schami seit dem Beginn seines Aufenthalts in Deutschland 1971 immer wieder als Autor oder Herausgeber non-fiktionaler und explizit politischer Veröffentlichungen in Erscheinung. Zu den umfangreicheren Texten gehört das 2002 erschienene Buch *Mit fremden Augen*, ein Tagebuch zum 11. September und zu dessen Folgen, in dem Schami unmissverständlich Stellung bezieht und dabei alle beteiligten Parteien des Konflikts in seine oftmals harte Kritik mit einschließt. Doch schon in den frühen 70er Jahren meldet er sich öffentlich zum Israel-Palästina-Konflikt zu Wort; er verfasst Beiträge für zwei Bücher, dazu zahlreiche Essays und Pamphlete, in denen er das Regime seines Heimatlands Syrien und die totalitären Regierungen der anderen arabischen Staaten offen kritisiert. Damit geht er früh sehr bewusst einen Weg, der ihn, wie er genau weiß, letztlich die Heimat kosten wird. Allerdings transportieren auch die fiktionalen Texte Rafik Schamis nahezu alle eine politische Botschaft. Mit diesen Büchern erreicht Schami ein weitaus größeres Publikum als mit seinen politischen Essays, und er trägt dazu bei, den Deutschen den Orient und die arabische Welt näher zu bringen. Romane wie *Der ehrliche Lügner* oder *Milad*, selbst der Jugendroman *Eine Hand voller Sterne*, können als vergnügliche, leichte Lektüre gelesen werden; wer sie jedoch aufmerksam liest, erkennt die für die arabische Welt explosive politische Sprengkraft. Wie der Erzähler von Heinrich Heines *Deutschland. Ein Wintermärchen* führte auch Rafik Schami bei seiner Ausreise aus Syrien die »Konterbande im Kopfe mit sich« und produziert nun im Exil ein »konfiszierliches Buch« nach dem anderen. Nicht umsonst stehen die Veröffentlichungen Rafik Schamis in seiner Heimat Syrien auf der schwarzen Liste und dürfen auch im gesamten arabischen Raum nicht publiziert werden. Rafik Schami hat sich mit seinen deutlichen und pointierten, häufig auch polemischen Stellungnahmen zur Politik des Nahostraums unter Arabern, Israelis wie auch Deutschen nicht nur Freunde gemacht.

Von seinem literarischen Durchbruch im Jahre 1989 mit *Erzähler der Nacht* bis zum Erscheinen seines *opus magnum Die dunkle Seite der Liebe* im Jahre 2004 kommt es immer wieder zu offenen Auseinandersetzungen mit Kritikern, die in Schami einen Autor sehen wollen, der in seiner Literatur lediglich deutsche Klischees vom Orient bediene und gleichzeitig sein Heimatland und die dort lebenden Menschen diffamiere. Schami seinerseits erhebt gegen diese Kritiker zwei Hauptvorwürfe: Zum einen wirft er ihnen enge Zusammenarbeit mit den Kultusministerien und offiziellen Zeitungsredaktionen in den arabischen Ländern vor. Dies bedeute nichts anderes als Zusammenarbeit mit den menschenverachtenden Regimen des Nahen Ostens. Zum anderen wirft er ihnen die Förderung der arabischen Literaturen aus eurozentristischer und neokolonialer Sicht vor; sein Vorwurf lautet, sie begünstigten lediglich solche Literaten, die in ihren Texten die europäische Literatur nachahmen, eigenständige Versuche der arabischen Literaten machten sie dagegen lächerlich. Aus Schamis Sicht bilden diese beiden Punkte einen unüberwindbaren Gegensatz zwischen ihm und seinen »Gegnern«: »Ich werde vielen Feinden verzeihen, aber nicht diesen deutschen professionellen Lügnern, die versuchten mich hier in meinem Exil zu vernichten.«

Zweimal wird es für Rafik Schami notwendig, den Verlag zu wechseln, weil ihn Verleger auf einen Stil und eine Thematik festlegen wollen. Aus Sicht des Verlages, der immer auch marktstrategisch denken muss, war dies in beiden Fällen verständlich, doch Schami wollte sich nie wieder über seine Themen oder seinen Stil belehren lassen. Mitte der 80er Jahre hatte Schami mit seinen Sammlungen von Märchen, Fabeln und phantastischen Geschichten, die beim legendären linken Kieler Neuen Malik Verlag verlegt wurden, erste Erfolge. Als Schami 1987 dem Verlag jedoch das Manuskript von *Eine Hand voller Sterne*, seinem realistischen autobiographischen Jugendroman, anbot, wurde dieses vom Verleger abgelehnt: »Als ich dann gezielt fragte, ob sie den Roman machen wollen oder nicht, sagten sie mir, ich sei ein Mittelstürmer und nun wolle ich was anders sein. Das sollte man nicht tun; und so wie im Fußball solle ich weiter dort tätig sein, wo ich erfolgreich bin. Ich spiele keinen Fußball und deshalb war ich bitter enttäuscht.« Der Verleger bot Schami an, den Roman in Märchenform zu veröffentlichen, doch Schami wollte den Text nicht ändern. So suchte er sich dafür einen neuen Verlag: Nachdem er das Manuskript zehn verschiedenen Verlagen angeboten hatte, wurde es schließlich von Beltz angenommen. Der Roman wird ein großer Erfolg. Er wird mit acht Literaturpreisen, darunter dem Zürcher Kinderbuchpreis, ausgezeichnet und auf die Auswahlliste des Deutschen Jugendliteraturpreises gesetzt.

Doch Schami entwickelt sich literarisch weiter. Er möchte mit seinen Texten ein noch breiteres Publikum als Kinder und Jugendliche, Liebhaber von Märchen sowie an fremden Kulturen Interessierte erreichen. Er schreibt *Erzähler der Nacht*, muss aber zu seiner Enttäuschung feststellen, dass die Lektorin bei Beltz zunächst nicht bereit ist, den Roman in der vorgelegten Form zu veröffentlichen. Dem reinen Kinder- und Jugendbuchverlag fehlt darin die jugendliche Identifikationsfigur und damit die Spiegelung der Handlung in einem jugendlichen Bewusstsein, womit eine Anknüpfung an den Erfolg von *Eine Hand voller Sterne* garantiert werden soll. Und so »schmuggelt« Schami den jungen Ich-Erzähler in den Text; weitere Änderungsvorschläge des Verlags, die den Text an die Gattungsgesetze des Jugendbuchs anpassen sollen, sowie rigide Kürzungsvorschläge lehnt er ab: Ihm ging es nicht um eine Fortsetzung des Vorgängerromans, sondern um die neue Thematik des Verstummens in der Diktatur. Schami konnte sich durchsetzen, nicht zuletzt wegen des Verständnisses des Verlagsleiters, Hans Joachim Gelberg. Doch bei *Der ehrliche Lügner* wiederholen sich die Probleme mit dem Verlag: Der Verlagsleiter wollte nun eine

38 Mit Kindern bei einer Aufnahme im Hessischen Rundfunk

Fortsetzung von *Erzähler der Nacht*. Schami beugte sich diesem Druck nicht und lieferte sein bis dahin bestes Werk: eine märchenhafte und satirische Abhandlung über alle Erscheinungsformen von Lüge und Wahrheit. Nach einer heftigen Auseinandersetzung verlässt Schami Anfang der 90er Jahre Beltz. Als reiner Kinder- und Jugendbuchverlag war Beltz daran interessiert gewesen, Rafik Schami als erfolgreichen Autor für ihre Zielgruppe zu halten. *Der ehrliche Lügner*, der 1992 als letzter Text Schamis bei Beltz erschien, kann auch als Adoleszenzliteratur gelesen werden und passt somit gerade noch ins literarische Programm des Verlags. Die späteren Veröffentlichungen Schamis sprengen die Grenzen der Jugendliteratur jedoch deutlich. Das marktstrategische Denken des Verlags ist verständlich, doch genauso verständlich ist, dass sich Schami diesem Diktat nicht unterordnen konnte. Anfang der 90er Jahre war das literarische Ansehen Rafik Schamis, nicht zuletzt auch wegen des Erfolgs von *Erzähler der Nacht*, so hoch, dass 1994 sein Manuskript zu *Reise zwischen Nacht und Morgen* vom renommierten Hanser Verlag angenommen wurde.

Es war ein langer Weg, bis der Name Rafik Schami für Verlage und Lektoren mit Erfolg und hohen Auflagen verbunden war und er seine Themen frei wählen konnte. Sein erstes Buch in deutscher Sprache, die Sammlung *Andere Märchen*, erschien 1978 bei dem kleinen Verlag Pro-

رفيق شامي
أوفه ميخائيل غوتشان

التَّقْرِير السِّرّي
عن الشَّاعر غوته

منشورات الجمل

39   Die arabische Ausgabe von
›Der geheime Bericht über den
Dichter Goethe‹, Al Kamel
Verlag 2005

gress Dritte Welt in einer Auflage von 2000 Exemplaren;
die Sammlung wurde schnell verkauft, jedoch nicht ein
zweites Mal aufgelegt. Die späteren Sammlungen, die ab
Mitte der 80er Jahre bei Malik erschienen, erreichten dort
Auflagezahlen zwischen 5000 und 40 000 Exemplaren.
Die Märchen, Fabeln und phantastischen Erzählungen
Schamis sind bis heute beim Lesepublikum äußerst beliebt, sie sind mittlerweile zu Longsellern geworden und
erscheinen in inzwischen zweistelliger Auflage im Deutschen Taschenbuch Verlag. Der Erfolg der späteren Bücher und die ungebrochene Popularität seiner Lesungen
seit nunmehr zwanzig Jahren wirkten dabei wie eine Lo-
komotive für den Verkauf auch der älteren Texte. So haben auch Schamis Romane den Status von Longsellern erreicht. Die Gesamtauflagezahlen von *Der ehrliche Lügner*,
Reise zwischen Nacht und Morgen oder auch *Die Sehnsucht
der Schwalbe* liegen bei jeweils etwa 200 000. Noch erfolg-
reicher ist *Eine Hand voller Sterne*, der bisher die für
einen Jugendroman stolze Gesamtauflagezahl von etwa
300 000 erzielen konnte. Hinzu kommt noch der Erfolg
bei Lesern anderer Länder durch die Übersetzungen in

mehr als 23 Sprachen. Der erste übersetzte Text, übrigens ins Französische, war 1988 *Eine Hand voller Sterne*.

Ein Wermutstropfen für Schami war lange das Ausbleiben einer Übersetzung in seine Muttersprache. 2003 fand Schami dann im Kölner Verlag Al Kamel des Irakers Khalid al Maaly den Verlag, den er so lange gesucht hatte: einen nicht der Zensur unterliegenden arabischen Verlag. Hier soll Schamis gesamtes Werk in arabischer Übersetzung veröffentlicht werden. Im Sommer 2005 erschien als erster Roman Schamis in arabischer Sprache *Der geheime Bericht über den Dichter Goethe (al Takrir al Sirri)*; eine Übersetzung von *Eine Hand voller Sterne* und *Erzähler der Nacht* ist geplant. Schami arbeitet mit seiner Übersetzerin Nuha Forst sehr intensiv zusammen, damit sein Stil authentisch bleibt »und damit meine Freunde und Feinde nicht enttäuscht werden«.

Der Durchbruch als Autor kam etwa sieben Jahre nach Schamis Entschluss, freier Schriftsteller zu werden. 1982 hatte er diese einschneidende Entscheidung getroffen, 1985 erfolgte die Scheidung von seiner ersten Frau und die Trennung von der Literaturgruppe Südwind. Schami hatte danach eine emotionale wie finanzielle Durststrecke von etwa vier Jahren zu überstehen. In den ersten ein, zwei Jahren finanzierte er sich sein Leben aus den Ersparnissen seines Berufes als Pharmareferent, zusätzlich übernahm er Übersetzungen technischer Vorschriften für Geräte und für Baustellen ins Arabische. Ab Ende 1986 nahm das Einkommen, das ihm sein Beruf als freier

Im **Al Kamel-Verlag** für arabische Publikationen mit Sitz in Köln und Bagdad erschienen sowohl die Werke arabischer Autoren wie auch Übersetzungen deutschsprachiger Autoren, so z. B. das Gesamtwerk von Günter Grass. Ziel des Verlags ist es, Werke der Weltliteratur »auf den leisen Sohlen des Kamels« in die von der Zensur eingeschränkten Regionen Arabiens zu tragen.

Schriftsteller einbrachte, durch vermehrte Radiosendungen wie durch die zunehmende Akzeptanz seiner Lesungen und die daraus resultierenden höheren Honorare deutlich zu. An die Zeit zwischen dem ersten noch kleinen Erfolg mit dem Erzählungsband *Das erste Wort der Wanderratte* 1984 und dem Erscheinen des dritten Romans *Der ehrliche Lügner* 1992 erinnert sich Schami als eine der arbeitsreichsten Perioden seines Lebens. In diesen Jahren hielt er die weitaus meisten seiner bislang etwa 1500 Lesungen; in den Sommer- wie in den Oster- und Weihnachtsferien, in denen keine Lesungen stattfanden, saß er in seiner Dachwohnung in Mannheim und schrieb »wie besessen«, häufig bis zu 16 Stunden am Tag. So entstanden in diesen Jahren sechs Erzählungssammlungen, vier Kinder- und Bilderbücher, drei Romane und mit dem Band *Reden gegen das Verstummen* zudem eine Sammlung mit Reden und Vorträgen, die Schami in diesen Jahren gehalten hatte; zuvor waren schon zwei Erzählungssammlungen, ein Kinderbuch sowie mehrere Essays erschienen.

Die Jahre 1989–1992 waren geprägt vom Erfolg von *Erzähler der Nacht* (1989) und *Der ehrliche Lügner* (1992), der zwar nicht die gleichen hohen Auflagenzahlen wie sein Vorgängerroman erreichte, Schami aber dennoch die Sicherheit gab, dass er mit der Geschichte vom Kutscher Salim keine »Eintagsfliege« produziert hatte. Dies veränderte Schamis Leben und erhöhte seine finanzielle wie emotionale Sicherheit im »Gastland«, das ihm immer mehr zur zweiten Heimat wurde. Er wusste nun, dass er von einem breiten Publikum geschätzt und akzeptiert wurde, was ihm auch eine ganz andere Position gegenüber Verlagen und Lektoren einräumte. Zudem konnte er seine technischen Mittel verbessern und so die Effektivität seiner Arbeit steigern. Auch privat gibt ihm der Erfolg als Schriftsteller die Sicherheit, sowohl seine Familie in Damaskus unterstützen zu können, als auch seiner eigenen kleinen Familie, die er 1992 gegründet hatte, ein sorgenfreies und angenehmes Leben bieten zu können.

Er erhielt zudem zahlreiche Ehrungen; so wurde er z. B. 2002 von der Bayerischen Akademie der Schönen Künste als ordentliches Mitglied aufgenommen. Manchmal konnte er mit der Ehrung jedoch nichts anfangen. Er lehnte viele Angebote zur Mitgliedschaft in Vorständen ab. Einer kleinen Bank schrieb er humorvoll: »Ich danke Ihnen für die Ehrung, aber meine Zeit erlaubt mir nicht so viel Raum, um in Ihrem Vorstand mitzuwirken. Aber wenn Sie wollen, könnte ich den Tresorschlüssel Ihrer Bank bei mir aufbewahren.« Eine der schönsten Ehrungen ist die Stiftung des Schnabelsteher Literaturpreises im Jahre 1992 durch den Arbeitskreis Norddeutscher Kinderbuchläden. Mit dem Preis wurden außergewöhnliche Bilderbücher ausgezeichnet. Die kleine Holzfigur eines Raben, der auf dem Schnabel steht und der dem Preis den Namen gegeben hat, ist ein »Portrait« des Protagonisten aus dem Bilderbuch *Der Schnabelsteher* von Rafik Schami.

Bis zum Erscheinen von *Die dunkle Seite der Liebe* im Jahr 2004 war *Erzähler der Nacht* der bei weitem erfolgreichste Titel Rafik Schamis mit einer Gesamtauflagenzahl von etwa 1,5 Millionen und Übersetzungen in 22 Sprachen. Eine Erklärung für den überwältigenden Erfolg gerade dieses Romans zu finden ist nicht einfach, auch weil Rafik Schami zu späteren Zeitpunkten literarisch bessere und reifere Texte geschrieben hat. Als der Roman 1989 erscheint, ist Schami nach neun Jahren intensiver Lesereisen schon bekannt und bei einem breiteren Publikum beliebt. Doch seine bisherigen Texte wie die

Märchen aus Malula, die satirischen Erzählungen von *Der Fliegenmelker* oder der Jugendroman *Eine Hand voller Sterne* erreichten jedes auf seine Art nur ein spezifisches Publikum interessierter Leser. Mit *Erzähler der Nacht* legte Schami zum ersten Mal einen Text vor, der alle Leserschichten ansprach, Junge und Alte,

40 Der Schnabelsteher

Verträumte und Wache, Politische wie Unpolitische. Hinzu kam die schöne und ansprechende Gestaltung des Buches, mit einem Umschlag, der das Buch vom normalen Kinder- und Jugendprogramm des Beltz-Verlags abhob, und einem liebevoll gestalteten Innenleben. Jede Seite ist mit orientalisch anmutenden Arabesken ausgestattet, die Kapitel enden jeweils mit einer arabesken Medaille: »Die Enden eines jeden Kapitels, die sich zu einer Medaille hin verjüngen, sind ein Abbild eines Buches, das mir mein Vater geschenkt hat, handgeschrieben und immer mit solchen zusammenlaufenden Enden.« *Erzähler der Nacht* wurde so zum ersten Buch Schamis, das mehrere Sinne ansprach und den Leser, dem der Orient auf jeder Seite auch visuell begegnete, schon vor dem Lesegenuss in andere Welten entführte. Die Belohnung der bibliophilen Gestaltung erfolgte in der Auszeichnung als eines der »schönsten Bücher der Bundesrepublik Deutschland« durch die Stiftung Buchkunst im Jahre 1989; mit dem Bilderbuch *Der Wunderkasten*, mit Zeichnungen von Peter Knorr, erhielt zwei Jahre später erneut ein Buch Rafik Schamis diesen Preis.

Erzähler der Nacht ist eine Sammlung phantastischer und märchenhafter Geschichten, die durch eine Rahmenhandlung zusammengehalten werden. Der alte Kutscher Salim ist plötzlich verstummt, doch eine Fee erscheint ihm im Traum und verrät ihm das Geheimnis seiner Stummheit: Nur durch sieben einmalige Geschenke kann er die Sprache wiedererlangen. Nach verschiedenen misslingenden Experimenten erkennen Salims Freunde, dass mit den außergewöhnlichen Geschenken Geschichten gemeint sein könnten. Und so tragen sechs der sieben Männer für ihren Freund Geschichten unterschiedlichster Art wie auch literarischer Qualität vor. Letztlich erlöst wird Salim aber durch die Erzählung einer Frau, Fatmeh, der Ehefrau des ältesten Freundes von Salim, Ali, der sich selbst nicht für fähig hält zu erzählen. Der Roman präsentiert die orale Erzähltradition der arabischen Länder. In der Geschichte von Salim und seinen Freunden finden sich immer wieder Darstellungen der Vorgehensweise und der Tricks eines orientalischen *Hakawati*. In der Rahmenhandlung wird der stumme Salim, dessen andere Sinne geschärft sind und der seine Umgebung so intensiv erlebt wie noch nie zuvor, für den Leser zum »Fremdenführer«: Salim nimmt ihn an die Hand und führt ihn durch sein – Salims wie Schamis – Damaskus.

Die Figur des Onkel Salim gibt der Kritik Rätsel auf: Wer ist dieser Onkel Salim? Gab es ihn wirklich oder ist er nur eine literarische Erfindung des Autors Rafik Schami? Gleichzeitig werden die Kritiker und vor allem die Leser immer wieder darum bitten, neue Geschichten von Onkel Salim hören oder lesen zu dürfen. Doch nach dem Erfolg von *Erzähler der Nacht* wird Salim namentlich und als tragende Figur nur noch einmal in dem autobiographisch geprägten Hörbuch *Murmeln meiner Kindheit* (1995) auftauchen. Schami wehrt sich dagegen, eine Figur zu sehr auszureizen und sie damit letztlich für das Publikum uninteressant zu machen. Doch der alte Kutscher Salim ist und bleibt ein Teil des Kosmos von Schamis Damaskus. So schleicht er sich auch in einer kleinen Szene in den Roman *Die dunkle Seite der Liebe* ein und bringt den Leser, der Onkel Salim kennen und lieben gelernt hat, zum Schmunzeln. Die Frage nach der Authentizität der Figur ist diffizil. »Onkel Salim« ist eine Mischung aus zwei Personen von Schamis »Gasse«: dem Kutscher Salim, der die Schlitzohrigkeit besaß, welche die Figur auszeichnet, und einem anderen Nachbarn namens Daud (*arab.* David), von dem die Figur Salim die Fabulierkunst geborgt hat, »ein fantastischer Erzähler, aber ein Moralist«. Aus beiden Personen hat Schami seinen »Traum von einem Onkel Salim zusammengeschmolzen«. Doch ist die Frage nach der Authentizität nicht entscheidend: »Onkel Salim« ist für Schami-Leser geradezu zu einer mythischen Figur geworden, die für vieles steht, wofür Schami selbst eintritt. Als Figur des weisen alten Mannes dient er Schami in dessen autobiographischen literarischen Texten, in denen ein Junge oder ein junger Mann spricht, als eine Art Projektionsfläche, mittels derer der Autor, ausgestattet mit der Autorität des weisen Alten, Meinungen und Lebensweisheiten äußern kann. So wird der Kutscher Salim also auch zum Sprachrohr für die politischen Meinungen Schamis, etwa in der Geschichte *Der Fliegenmelker* im gleichnamigen Sammelband, in der Schami als Protagonist die Rolle des Zuhörers einnimmt und der Kutscher Salim über die Schrecken und die Sinnlosigkeit des Krieges und des Kriegsdienstes spricht.

Auch *Erzähler der Nacht* wird in die Kategorie »Jugendbuch« eingestuft und kommt wie zuvor *Eine Hand voller Sterne* auf die Auswahlliste zum Deutschen Jugendliteraturpreis. Es handelt sich jedoch um einen Text mit einer brisanten politischen Botschaft: Salim der Kutscher ist eine Metapher für alle Araber, die durch die Diktatur stumm werden. Allerdings kommt die Geschichte so leichtfüßig daher und die politische Ambition des Romans ist so geschickt unter einem märchenhaften Gewand verborgen, dass sie von vielen Lesern und Kritikern übersehen wurde. Das zentrale Thema von *Erzähler der Nacht* ist das Motiv des Erzählens gegen den Tod; das Verstummen Salims kann als eine besondere Art des Sterbens verstanden werden. Das Erzählen gegen den Tod ist ein häufiges Szenario der Rahmenhandlungen von Märchen- und Novellensammlungen der Weltliteratur. Die wohl bedeutendste und bekannteste Novellensammlung dieser Art im europäischen Raum ist Giovanni Boccaccios *Il Decamerone* (1349–1353), in deren Rahmenhandlung »sieben Damen und drei junge Männer« vor den Toren von Florenz zusammensitzen und sich gegenseitig Geschichten erzählen, während in der Stadt die Pest wütet. Auch die Rahmenhandlung der Novellensammlung *Unterhaltungen deutscher Ausgewanderten* von Johann Wolfgang Goethe, die mit dem Text *Märchen*, Goethes »Muster« dieser Gattung, schließt, oder die Märchensammlungen Wilhelm Hauffs *Die Karawane*, *Der Scheik von Alessandria und seine Sklaven* und *Das Wirtshaus im Spessart* bauen auf dem Motiv des Erzählens gegen den

Tod auf. Wichtiger für den Syrer Rafik Schami sind die *Märchen aus 1001 Nacht*, das bedeutendste Beispiel für das Motiv des Erzählens gegen den Tod in der orientalischen Literatur. Hier ist es die junge Wesirstochter Scheherazade, der es mit Phantasie und List gelingt, den König Schahriyar von seinem mörderischen Plan abzubringen, sich jeden Tag eine neue Frau zu nehmen, diese jedoch schon am Tag nach der Hochzeitsnacht zu köpfen: 1001 Nacht lang erzählt sie ihm jeden Abend eine Geschichte, hört jedoch jeweils an der spannendsten Stelle auf und verhindert so ihren eigenen Tod am nächsten Morgen.

In *Erzähler der Nacht* ist das Motiv des Verstummens oder das Motiv des Erzählens gegen den Tod vielschichtig und auch mit verschiedenen persönlichen Erfahrungen Schamis verbunden. Er verarbeitet die eigenen Erfahrungen in der Diktatur, so vor allem die durch die Zensur erzwungene Stummheit in den Jahren seines frühen Erwachsenenalters, die ihn schließlich ins Exil führte. Im Roman legt er die Charakteristik der erzwungenen Stummheit in der Diktatur dem Schlosser Ali in den Mund. Mit den ersten Jahren in der Fremde verbindet Schami weiterhin die Erfahrung des Verstummens, die sich erst allmählich durch das Schreiben von Literatur und das Erzählen vor einem immer größeren Publikum auflöste. »Schreiben macht nicht einsam. Schreiben ist Einsamkeit. Doch nirgends fühle ich mich der Menschheit so verbunden und so nah wie beim Schreiben.« *(Der brennende Eisberg)* Der Einsamkeit des Schreibens folgt der herzliche Empfang durch die deutschen Leser. So wurde für Schami das Erzählen zu einem Mittel gegen die Sprachlosigkeit im Exil.

Utopie friedlichen Zusammenlebens der Völker: Die Circusromane

»Gottes ist der Orient
Gottes ist der Okzident
Nord- und südliches Gelände
Ruht im Frieden seiner Hände«
(Johann Wolfgang Goethe)

In der Zusammensetzung des Freundeskreises um den Kutscher Salim in *Erzähler der Nacht* beschwört Schami die »gute alte Zeit«, als die Völker- und Religionsgemeinschaften in Damaskus noch friedlich und vereint zusammenlebten. Allerdings verschweigt Schami auch nicht die Schwierigkeiten zwischen den unterschiedlichen Gruppen: Immer wieder brechen Probleme und kleine Streitigkeiten zwischen den Männern auf und demonstrieren die Fragilität eines solchen Friedens. Indem er diese verschiedenartigen Charaktere in einer Erzählrunde vereint, beschwört er jedoch zum ersten Mal die Utopie eines friedlichen Zusammenlebens der Völker. Die sieben Männer gehören verschiedenen Religionen an, zudem repräsentieren sie unterschiedliche Gesellschaftsschichten sowie ungleiche Erzähltalente: Interessanterweise weigert sich Ali, der auf einer gesellschaftlichen Skala am tiefsten steht, zu erzählen, Faris hingegen, der den Machthabern am nächsten ist, ist der schlechteste Erzähler.

Die Utopie eines friedlichen Zusammenlebens der Völker sollte tragend werden für seine beiden Circusromane *Der ehrliche Lügner* und *Reise zwischen Nacht und Morgen*, die auf *Erzähler der Nacht* folgten. In seiner Kindheit kannte Schami das Phänomen Circus kaum; sein Heimatland Syrien verfügte weder über einen Circus noch über einen Zoo, nur selten gab es Gastspiele aus Indien oder den Balkanstaaten. Die erste bewusste Begegnung mit dem Circus fand erst in den späten 80er Jahren in Deutschland statt, als Schami während einer Krankheit

eine Circusaufführung im Fernsehen sieht: »Danach war ich süchtig nach Circussen. Ich besuchte unzählige Vorstellungen von guten und schlechten Circussen.« Er holt damit im Exil einen Teil der Kindheit nach, der ihm in der Heimat verwehrt geblieben war. In den Jahren zwischen 1989 und 1992, der Entstehungszeit von *Der ehrliche Lügner*, beschäftigt sich Schami intensiv mit dem Phänomen Circus. Er liest soziologische wie ästhetische Abhandlungen, Circus-Biographien und Arbeiten über Tierdressur. Die Darstellung der Circusse in den beiden Romanen ist ein Konglomerat des theoretischen Wissens und der Eindrücke verschiedenster Aufführungen, keine Abbildung eines konkreten Circus. Als Vorbilder nennt er die beiden Artisten und Clowns Charlie Chaplin und Jango Edwards.

Die Faszination, die der Circus auf Schami ausübt, beruht neben der Anziehung durch die Sensationen und die exotischen Tiere auch auf den Parallelen, die er zwischen seiner Tätigkeit als Schriftsteller und den Darbietungen der Artisten in der Manege erkennt. Wie die Circusaufführung, deren viele kleine Einzelvorführungen am Ende ein rundes Ganzes ergeben, sind seine Romane aus vielen kleinen Einzelerzählungen aufgebaut, die einer übergeordneten kohärenten Geschichte mit einem umfassenden Thema dienen. In der Circusgemeinschaft, die verschie-

dene Nationen umfasst, sieht Schami die Verwirklichung einer utopischen Gesellschaft, in der viele Fremde miteinander eine gemeinsame Kunst erschaffen. Hinzu kommen das friedliche Zusammenleben von Mensch und Raubtier und die Bändigung naturhafter Aggression in der Manege. Der Circus evoziert so einen paradiesischen Zustand von Frieden und Verständigung. Eine weitere Berührung sieht Schami in seiner Einstellung zur Tätigkeit des Künstlers: Der Weg zur Darbietung ist hart und für den Artisten nicht selten gefährlich, doch die Aufführung selbst erscheint leicht und elegant. Schami nennt einen weiteren Berührungspunkt: »Die Circusleute sind aber auch die letzten Nomaden und so etwas hat in meiner arabischen Seele ein Verwandtschaftsgefühl gekitzelt.«

Als deutschsprachiger Autor arabischer Herkunft steht Rafik Schami unter dem Einfluss zweier großer literarischer Traditionen; in der Verschmelzung beider kultureller Prägungen schafft er einen neuen, ihm eigenen Stil. Im Roman *Der ehrliche Lügner* nimmt er den seit der Antike vorhandenen literarischen Topos »die Dichter lügen« auf und leistet seinen Beitrag zur philosophischen Diskussion des Verhältnisses von Wirklichkeit, Erkenntnis und Dichtung. Schami nimmt diesen Topos auch auf, wenn er bei seinen Lesungen von »Fälschungen aus erster Hand« spricht. Das Erzählte wird erst durch den Akt des Erzählens wie des Zuhörens wahr. Jede Abweichung, jede poetische Fälschung hat ihre eigene Wahrheit.

Anders als die dem Christentum, besonders dem Protestantismus, innewohnende Genussfeindlichkeit war der Islam toleranter gegenüber irdischen Genüssen, was neben der Pflege der Oralkunst auch die Phantasie förderte. Dies ist jedoch nur die halbe Wahrheit arabischer Literaturgeschichte; die andere Hälfte erzählt von einem mörderischen Despotismus orientalischer Prägung mit einer übermächtigen Zentralmacht: Wie der europäische Herrscher des Absolutismus war der Kalif oder der Sultan, der mit der gesamten Führung von Militär und Polizei in Damaskus, Bagdad oder etwa Kairo saß, der Brotgeber für die Kunst und bestimmte über Gedeihen und Verderben von Poet und Poesie. Im Gegensatz zur westlichen Welt durchlief der Orient die Entwicklung der bürgerlichen Aufklärung nicht. Bis ins 20. Jh. herrschten im Orient zudem weiterhin vormoderne, landwirtschaftlich geprägte Produktionsweisen, es fehlte die industrielle Revolution, die in Europa ab dem 18. Jh. und verstärkt im 19. Jh. den Weg von der feudalen zur bürgerlichen Gesellschaft bereitete. Die neuen Bürgerlichen wurden, gestützt auf Leistung und Bildung, als Beamte und Gelehrte durch Handel, später auch durch die Industrie zu einer zweiten Schicht der Besitzenden neben dem Adel. So entstand in Europa ein neues bürgerliches Selbstbewusstsein, das seinen Niederschlag gerade auch in der Literatur fand. Der Orient blieb dagegen weiterhin geprägt von den aus der Wüste stammenden Sippenstrukturen, die sich bis heute in der Vorherrschaft von Familienclans, wie etwa der Sippe der Assads in Syrien, oder von Herrscherhäusern, wie etwa den Saudis in Saudi-Arabien, fortsetzen und für Schami der größte Hemmschuh für eine freiheitlich demokratische Entwicklung sind.

Die Frage, ob Literatur Wahrheit oder Lüge sei, ob sie Wirklichkeit abbilde oder lediglich Produkt der Phantasie sei, wird im Titel des Romans *Der ehrliche Lügner* und dem Gegensatz zwischen dem Substantiv »Lügner« und dem Adjektiv »ehrlich« zum Programm gemacht. Gleichzeitig wird schon mit dem ersten Satz des Romans »Ich heiße Sadik, aber nicht einmal das ist sicher« die Frage beantwortet: Die Geschichte lebt zwischen den Buchdeckeln und wird »wahr« im Akt des Erzählens und des Lesens. Wie der berühmte Beginn von Hermann Melvilles *Moby Dick* »Call me Ishmael« ist auch dieser Romananfang eine bewusste Thematisierung des Erzählens: Wenn eine Geschichte erzählt wird, leben deren Figuren nur in der Fiktion und sind damit »Lüge«, die Geschichte jedoch besitzt ihre eigene »Wahrheit«. Verstärkt wird das Thema von Lüge und Wahrheit der Fiktion durch den Namen des Titelhelden: Sadik heißt »der Ehrliche«. So erzählt Schami im *Ehrlichen Lügner* die erfundene Geschichte eines jungen Mannes, der eine Stadt und einen Circus mit seinen erlogenen Geschichten unterhält; gleichzeitig berichtet er aber in den »Lügengeschichten« dieses *Romans von tausendundeiner Lüge* auch von der grausamen Wahrheit der arabischen Regime.

Wegen einer bewaffneten Auseinandersetzung innerhalb der Herrscherfamilie Hadahek und der Belagerung der Stadt Morgana ist der Circus für mehrere Monate dort eingeschlossen; der eingesperrte Circus und die umzingelte Stadt stehen für die von der Diktatur eingesperrten, umzingelten Völker und Menschen Arabiens. In der Circusgemeinschaft und ebenso in der Sympathie, welche die Araber dem indischen Circus entgegenbringen, stellt Schami seine Utopie eines friedlichen Zusammenlebens der Völker dar. Der Circusdirektor Amal, der Name bedeutet im Arabischen »Hoffnung«, nimmt in der Gemeinschaft die Rolle des gütigen, gerechten, aber auch strengen Herrschers ein: »Circusdirektor Amal schrie selten, und doch spürte man, daß er in seiner Circusstadt der absolute König war. Er war bereit, für jeden einzuspringen und selbst dem jüngsten Artisten zur Hand zu gehen, damit er seine Nummer verbessern konnte. Deshalb waren alle Artisten und Mitarbeiter dem Circusdirektor so verbunden, daß sie lieber mit ihm hungern wollten, als zu größeren Circussen zu wechseln.« (S. 57) In den Erinnerungen Sadiks an seine Kindheit beschreibt Schami seinen Traum von der Altstadt von Damaskus. Er ruft den durch die Diktaturen des 20. Jh.s in Vergessenheit geratenen Zustand wieder in Erinnerung, als die Stadt noch ein Hort der Verständigung und des friedlichen Zusammenlebens der Völker und Religionen war. Dies ist versinnbildlicht im Namen »Morgana«, der den Begriff »Fata Morgana« evoziert, und im Bild »als die Ziegen die Straßen Morganas verließen«, das im Text immer wiederkehrt; Schami erzählt dazu: »Das ist an den Meister Pasolini angelehnt, den ich nicht nur als Filmemacher, sondern auch als scharfzüngigen Essayisten sehr, sehr schätze. Er spricht von Italien vor und nach dem Verschwinden der Glühwürmchen.«

Der *Roman von tausendundeiner Lüge* ist ein verschachtelter Text, eine Erzählsammlung mit zwei zeitlich versetzten Rahmenhandlungen, weitere Zeitebenen entstehen durch die Erzählungen Sadiks. Der Romanaufbau erinnert an die

Struktur einer Zwiebel, deren Schale nicht selten viele Überraschungen versteckt hält; jede Schicht scheint die letzte zu sein, doch bald legt sie die nächste frei. In der Gegenwart des Textes, der äußeren Rahmenhandlung, wird von der Krankheit des alternden Sadik erzählt; so ist schon *Der ehrliche Lügner*, wie später *Die Reise zwischen Nacht und Morgen*, auch ein Roman über das Altern und den Tod. Die erzählte Geschichte und die handelnden Personen leben nur noch in der Erinnerung des inzwischen gealterten Sadik, der sich an seine Jugendtage erinnert; ebenso lebt das Bild von Damaskus, das der Roman evoziert, allein in der Erinnerung. Der Text ist damit auch eine Verwandlung des Motivs »Erzählen gegen den Tod« in das Motiv »Erst sterben, wenn die Geschichte zu Ende erzählt ist«, das Schami autobiographisch in seiner Rede *Hürdenlauf* aufnimmt.

Auf der zweiten Zeitebene des Romans, in der inneren Rahmenhandlung, wird von der Jugend Sadiks erzählt. Hier wird in *Der ehrliche Lügner* gewissermaßen die Geschichte des Helden von *Eine Hand voller Sterne* fortgesetzt. In den Passagen der inneren Rahmenhandlung trägt der Text Züge eines Adoleszenzromans; geschildert wird die Initiation des jungen Sadik ins Erwachsenenleben. Dies geschieht zunächst durch die Liebe und die Einführung in Sexualität durch die ältere und erfahrenere Mala. In der Geschichte der Liebe zwischen einer mit einem gewalttätigen Mann verheirateten Frau und einem Jugendlichen ist *Der ehrliche Lügner* auch ein Text über die Anarchie der Liebe, die keine Grenzen anerkennt. Wie bei jedem jungen Mann verläuft das Erwachsenwerden auch bei Sadik über die Rebellion gegen den Vater. Hier ist der Text eine direkte Fortführung von *Eine Hand voller Sterne* und eine autobiographische Reminiszenz; so weist auch der Name *Sadik* in Klang, Anzahl der Buchstaben und Platzierung derselben Vokale a und i Parallelen zu *Rafik* auf. Die endgültige Initiation erfährt Sadik, als er am Ende Verantwortung für seine Freunde übernimmt. Unter Gefahr für das eigene Leben gelingt es ihm, den Circus über die Grenzen und in die Freiheit zu führen. Dass er damit seine Freunde und seine Liebe verliert, stellt er zurück. Mit dieser Erfahrung ist der Prozess des Erwachsenwerdens für Sadik abgeschlossen.

In die beiden Rahmenhandlungen sind immer wieder kleine Erzählungen eingefügt, die unterschiedliche Funktionen haben, jedoch zusammen ein Panorama von Damaskus und Syrien anbieten. Die »offiziellen« Erzählungen Sadiks vor dem Circuspublikum sind lustige Geschichten von »Klatsch und Tratsch«, phantastische Erzählungen oder aber in der Mehrzahl Erzählungen von politischem Gehalt. In manchen der Geschichten verarbeitet Schami direkt seine eigenen politischen Erfahrungen, etwa in der Geschichte des Cousins Michael, der an der Grenze zu Israel die Schrecken des Krieges kennen lernt. Sadik betont ausdrücklich, dass selbst Araber und Israelis nicht das gesamte Ausmaß der grausamen Realität kennen; der deutsche Leser erfährt hier Wahrheiten, die in unserer schnelllebigen Zeit rasch untergehen, in der für die Nachrichten nur der jüngste spektakuläre Anschlag oder die letzte gezielte Tötung von Terroristen von Interesse sind, nicht aber der alltägliche Schrecken und die alltäglichen Verbrechen eines nunmehr Jahrzehnte andauernden Konflikts. Der Leser erfährt dabei allerdings auch die Gründe Schamis, Syrien als »Kriegsdienstverweigerer« zu verlassen, und er erhält Einblick in Schamis Tätigkeit als Lehrer an einer Frontschule. In dieser kurzen Geschichte stecken die beiden wichtigsten Gründe, die Schami ins Exil getrieben haben: Die Abscheu vor den Verbrechen der Regierungen seines Landes und der Nachbarländer und die Angst vor den Folgen für den, der diese Abscheu offen ausspricht; bei Sadik ist es die Angst vor dem Präsidenten Hadahek, der eine düster-komische Karikatur der arabischen Diktatoren ist. Hadahek, dessen Namen im Arabischen »Das ist so« bedeutet, ist eine scheinbar lächerliche Figur, bei der dem Leser jedoch das Lachen im Halse stecken bleibt, vergleichbar der grotesken Hitlerfigur in Charlie Chaplins *Der große Diktator.*

Der ehrliche Lügner weist auf seinen verschiedenen Erzähl*ebenen* durchaus auch unterschiedliche Erzähl*haltungen* auf: In der äußeren Rahmenhandlung spricht der alte und sterbende Mann Sadik, der vor dem Tod noch einmal sein Leben vor dem inneren Auge vorbeiziehen lässt; in der inneren Rahmenhandlung erzählt der junge Mann Sadik; in den eingefügten Erzählungen von der Kindheit spricht manchmal auch das Kind Sadik. Der Stil des Erzählten ist dem jeweiligen Ich-Sprecher angepasst. Zugleich gibt es eine sprachliche Anpassung an die Hörer, seien es das Circuspublikum, die Geliebte Mala oder etwa die Kinder der Circusleute. Dies ist dem Jugendroman *Eine Hand voller Sterne* vergleichbar, in dem Schami gekonnt die Entwicklung des Protagonisten, psychisch wie geistig-literarisch, im Stil deutlich macht; im Verlauf des Romans nimmt die Stilhaltung mit dem Ich-Erzähler an Reife zu. Es handelt sich dabei um eine bemerkenswerte Leistung bei einem Autor, der die Sprache, in der er schreibt, weniger als 15 Jahre vor Erscheinen des Romans überhaupt erst zu lernen begonnen hatte. Und so erzählt Schami auch, dass er die Tagebuchform als eine Möglichkeit, den Reifeprozess des Jungen nachzuzeichnen, erst in einer späteren Fassung gewählt habe; eine erste Fassung hatte einen auktorialen Erzähler, befriedigte Schami aber nach der Fertigstellung nicht.

Drei Jahre nach dem ersten erscheint 1995 mit *Reise zwischen Nacht und Morgen* Schamis zweiter Circusroman. Die Idee zur Story des Romans kam ihm während der Arbeit an *Der ehrliche Lügner*. Geschrieben wurde er 1992/93. Schami konnte sich dabei aus dem reichlichen Material der Recherchen über das Circusleben bedienen, das er für den ersten Roman gesammelt hatte. Der Text ist noch deutlicher als die Romane zuvor eine Liebeserklärung an seine Heimatstadt Damaskus. Schami verarbeitete im Schreiben seine Sehnsucht nach der Heimat, die er in diesen Jahren besonders stark spürte. Es war für ihn eine Zeit des Glücks und der Trauer: In Deutschland hatte er mit seiner Ehefrau Root Leeb sein persönliches Glück gefunden, das 1992 mit der Geburt des Sohnes Emil abgerundet wurde.

In derselben Zeit wurden in Damaskus seine Mutter wie auch sein Vater schwer krank. Schami telefonierte fast täglich mit ihnen. Beide Ereignisse, der mögliche Tod der Eltern wie die Geburt des Sohnes, verstärkten den Wunsch, die Heimat wiederzusehen, und riefen das Bewusstsein von der eigenen verlorenen Kindheit schmerzlich in Erinnerung. So wird der Roman *Reise zwischen Nacht und Morgen*, in dem ein alternder Mann in Ulania (*arab.* = die Erste), d. i. Damaskus, seine Wurzeln entdeckt, zu einer literarischen Erfüllung des Traums und der Hoffnung, mit Ehefrau und Sohn oder auch mit Freunden nach Damaskus zu reisen, um ihnen seine Stadt zu zeigen und die Familie vorzustellen. In der Geschichte des alternden Valentin, der seinen Vater nicht kennt und ihn in Arabien sucht, verarbeitet Schami die Entfremdung vom eigenen Vater, die er während dessen Krankheit besonders schmerzlich fühlt und die er gerne überwunden hätte. Im alternden Valentin, der sich im Verlauf des Romans verjüngt, verschmelzen die drei Generationen der Fadéls: Ibrahim Fadél, der, inzwischen alt und krank, sein Leben gelebt hat, ein Gefühl, das Valentin am Anfang des Romans beherrscht; Rafik Schami oder Suheil Fadél, der in der Mitte seines Lebens ein neues Glück gefunden hat; und der kleine Emil, der vielleicht eines Tages wie Valentin nach Damaskus reisen wird, um dort die Spuren seiner arabischen Identität zu entdecken.

Auch in *Reise zwischen Nacht und Morgen* steht die Utopie eines friedlichen Zusammenlebens der Völker im Vordergrund. Es ist aber auch ein Roman über das Altern und das Jung-Bleiben wie über das Sterben und den Tod. Nach dem autobiographischen Jugendroman *Eine Hand voller Sterne* und dem Circusroman *Der ehrliche Lügner*, dessen Protagonist, in der Rahmenhandlung ein gealterter Mann, sich an die Phase seiner Adoleszenz erinnert, ist *Reise zwischen Nacht und Morgen* der erste Roman Rafik Schamis nur für ein erwachsenes Publikum.

Der Vermittler zwischen
Orient und Okzident

»Ich müsste mein Herz zerreißen,
wenn ich trennen wollte,
was sich in mir aus Ost und West,
Orient und Okzident vereinigt hat.«

Mit den freudigen wie traurigen Ereignissen der frühen 90er Jahre kommt für Rafik Schami der Prozess des sukzessiven Ankommens und der stufenweisen Einbürgerung in seiner neuen Heimat, der immerhin 20 bis 25 Jahre gedauert hat, zu einem Ende. Rafik Schami selbst nennt als einschneidende glückliche Daten, die ihm Deutschland zu einer zweiten Heimat gemacht haben, den Tag, als er 1978 mit *Andere Märchen* sein erstes Buch in deutscher Sprache in den Händen hielt, den Tag, als er 1990 seiner späteren Frau Root Leeb begegnete, den Tag, als ihm im November 1991 sein deutscher Pass ausgehändigt wurde und schließlich den Tag, als ihm 1992 mit

43   Die Mutter Ende der
70er Jahre im Wohnzimmer
in Damaskus

Emil ein Sohn, ein deutsches Kind mit arabischen Wurzeln, geboren wurde.

Schmerzliche Einschnitte dagegen bedeuten der Tod des Vaters 1995 und der Tod der Mutter im Jahre 1997, die bei Schami kurzzeitig die Angst auslösten, nie mehr nach Syrien zurückkehren zu können: »Spätestens da hatte ich das Gefühl, mich bindet nichts mehr an die Ursprungsheimat.« Jeder Tod eines nahen Verwandten ist für Schami wie ein erneuter Gang ins Exil, jedes Mal stirbt ein Stück Heimat und ein Stück Kindheit mit. Zugleich bedeutet die Weigerung des syrischen Staates, ihn zur Beerdigung seiner Eltern einreisen zu lassen, einen erneuten, nun auch emotionalen Bruch mit dem Heimatstaat.

Jeden Tag aufs Neue unternimmt Rafik Schami den Versuch, die Sehnsucht nach der Heimat einzudämmen. Das Heimweh endgültig zu besiegen, ist ihm nach eigener Aussage nicht möglich, es sei Teil seines Wesens als syrischer Deutscher oder deutscher Syrer geworden, dem die Rückkehr in die alte Heimat bisher verwehrt geblieben ist. Durch die modernen Medien kann er der Heimat immerhin virtuell nahe sein: Jeden Morgen liest er im Internet die besten und wichtigsten Artikel der arabischen Presse, außerdem empfängt er per Satellit die wichtigsten arabischen TV-Sender. Neben diesem unpersönlichen Kon-

44 Rafik Schami mit seinem Vater im Mannheimer Luisenpark 1982

takt mit der Heimat pflegt er intensiv die Beziehung zur Familie, besonders zu seiner Schwester Marie, und zu alten Freunden der Kindheit und Jugend; nahezu täglich telefoniert er mit Syrien. Die Lektüre wie die Telefonate dienen auch einer »Therapie« der Ernüchterung über die Heimat, die im Rückblick zum Paradies geworden ist, weil sie ihm zeigen, wie problematisch das Leben in Damaskus ist und wie die seit über 50 Jahren andauernde Diktatur die Menschen deformiert hat. »Aber manchmal ist die Sehnsucht stärker als alle Logik und ich erkranke fast daran.« Die Kraft, die Sehnsucht nach der alten Heimat durch ein ausgefülltes Leben in der neuen Heimat zu überbrücken, findet Rafik Schami in der Literatur, in seiner Familie und in der treuen Zuneigung, die ihm sein deutsches Publikum nun schon seit Jahren entgegen bringt.

Der zweite Circusroman *Reise zwischen Nacht und Morgen* ist ein literarischer Ausdruck dieses Ankommens in der neuen Heimat. Die bisherigen Texte Schamis trennen scharf zwischen den beiden Erzählorten »arabische Welt« und »Welt der Migranten in Deutschland«. In den Texten vor 1995 verarbeitete Schami die Eindrücke seiner Kindheit wie seine Sehnsucht nach der Heimat und die Erfahrungen als Fremder im anderen Land. Mit der Welt des Circus hatte sich Schami im Roman *Der ehrliche Lügner*, der noch ausschließlich in Arabien spielt, einen neuen Erzählkosmos erobert. Im zweiten Circusroman erfährt Schamis Werk eine erneute Erweiterung des Erzählhorizonts: *Reise zwischen Nacht und Morgen* macht das »Hin und Her zwischen den Welten« zum Thema. Mit *Die Sehnsucht der Schwalbe* wird Schami diesem Thema 2001 einen weiteren Roman widmen, der zudem vier der bestimmenden Themen seines bisherigen Werks verknüpft: das Leben der Migranten in Deutschland, die Darstellung der arabischen Welt damals, heute und in der Utopie, das Wandern zwischen den Welten sowie das Erzählen. Auch das Buch *Der geheime Bericht über den Dichter Goethe* (1999) führt die beiden Erzählorte Arabien und Europa zusammen: Schami, der arabische Versöhner zwischen den Kulturen, schreibt zusammen mit dem deutschen Germanisten Uwe-Michael Gutzschhahn ein Buch über Goethe, den deutschen Vermittler zwischen Orient und Okzident in der Epoche der Klassik. Damit schließt der Migrant Schami an etwas an, was die deutschen Klassiker schon vor zweihundert Jahren vorgegeben haben, verleiht dem Grundgedanken der Vermittlung zwischen Orient und Okzident allerdings einen neuen Aspekt, indem er die beiden Welten nunmehr aus der östlichen Perspektive betrachtet.

Neben der Erweiterung des Erzählkosmos ist seit Mitte der 80er Jahre bei Schami eine Bewegung von der kleinen zur großen Erzählform zu beobachten. Nach den Erzählsammlungen und den Kinderbüchern der frühen 80er Jahre markiert der erste Roman *Eine Hand voller Sterne* 1985 eine Hinwendung zur größeren Form, in die die kleineren Formen des Erzählens jedoch als Abschweifung, Arabeske oder eingefügte Erzählung integriert bleiben. Analog dem assoziativen mündlichen Erzählen lässt sich Schami in seinen ersten Romanen weiterhin von der Geschichte treiben. Die Texte sind geprägt von einem aus- und abschweifenden Erzählstil, der den Leser oder den Hörer der Lesung in der Fiktion davonträgt. »Wie es dazu kam, ist eine kleine Geschichte« oder auch »Das ist eine andere Geschichte« werden zu »Leitsätzen« seiner Romane wie auch seines mündlichen Vortrags. Das Werk wird so zu einer endlos-verschlungenen Kette immer neuer Geschichten und spiegelt gerade darin das Leben. Dies bildet sich auch in der stetigen Produktivität des Autors ab; der Leser kann sich sicher sein, dass die versprochene »andere Geschichte« irgendwann wirklich erzählt wird. Mit *Reise zwischen Nacht und Morgen*, dem ersten Roman der Vermittlung zwischen Orient und Okzident, legt Schami 1995 dann einen Text mit einem in sich geschlossenen erzählerischen Konzept vor.

Dabei ist auch die sprachliche und stilistische Weiterentwicklung eines Autors zu verfolgen, der sich auf das Wagnis eingelassen hat, in einer ihm zunächst fremden Sprache zu schreiben. Diese Weiterentwicklung zeigt sich in der Länge der Texte wie in der Komplexität der Handlung. Sie zeigt sich aber auch in einer Erweiterung des Publikums, das mit der Entwicklung der sprachlichen Fähigkeiten des Autors wächst und erwachsen wird. Mit einer zunehmenden sprachlichen und erzählerischen Reife entwickelt Schami einen ihm eigenen persönlichen Stil: Er durchsetzt die deutsche Sprache mit orientalischen Metaphern und erzielt so einen kulturellen Verfremdungseffekt, der zum besonderen Reiz seiner Literatur beiträgt. Seit dem Beginn seiner literarischen Tätigkeit in Deutschland beschäftigte Rafik Schami private Lektoren, die seine Texte von den für einen Fremdsprachler unweigerlichen grammatikalischen Fehler »säuberten«. Es war ihm wichtig, sich im kreativen Prozess des Schreibens voll auf die Bildhaftigkeit und Metaphorik seiner Literatur konzentrieren zu können, ohne sich dabei im Gestrüpp der deutschen Grammatik zu verirren. Gleichzeitig war er sich von allem Anfang an bewusst, dass ein schon korrigierter Text größere Chancen hat, von einem Verlag angenommen zu werden. Er wollte korrekte Texte vorlegen und weder auf einen Ausländerbonus setzen, der letztlich nur das Ergebnis von Nachsicht ist, noch riskieren, dass die Qualität eines Textes nicht erkannt wurde, weil die Grammatik nicht ganz fehlerfrei ist. Die arabische Muttersprache beeinflusst seine deutsche Literatursprache; ebenso hat der lange Aufenthalt in Deutschland einen ähnlichen Effekt auf Schamis Arabisch. Sehr zum Amüsement seiner Schwester rutschen ihm bei Telefonaten immer wieder deutsche Ausdrücke, wie z. B. »Ach so!«, heraus. Auch der Aufbau seiner arabischen Sätze leidet unter der deutschen Anpassung.

Von einem der ersten Vertreter der »Gastarbeiterliteratur«, der die Deutschen in seinen Texten auf die Situation der Fremden in ihrem Land aufmerksam machte, hat sich Rafik Schami zu einem Vermittler zwischen Orient und Okzident entwickelt; in *Reise zwischen Nacht und Morgen* findet er für die Verbindung der beiden Welten die Wortschöpfung »Nachmorg«, womit die Zeit vor der Morgendämmerung bezeichnet wird. Der Roman ist das literarische Produkt des Wunsches nach einem Dialog der Kulturen, der schon lange in Schami schlummerte. In seiner persönlichen Biographie beginnt dieser Dialog der Kulturen, als er in noch jugendlichem Alter in einer Klosterbibliothek im Libanon anfängt, die literarischen Klassiker Europas zu lesen. Etwa 40 Jahre später setzt er in *Reise zwischen Nacht und Morgen* der europäischen Literatur, die damals sein Herz erobert hatte, ein Denkmal. Immer wieder kann der Leser im Text kleine Hinweise auf berühmte Werke entdecken: »So findet man bereits auf der ersten Seite des Romans (9. Zeile von unten) den Dürrenmatt-Titel *Der Richter und sein Henker*. Über hundert solche Hinweise verteilte ich sorgfältig nach der letzten Korrektur, damit kein Lektor sie verändert.« Die Vignetten am Anfang jedes Kapitels sind eine Hommage an die europäische und arabische Literatur, an Kollegen und Vorbilder: In arabischen Schriftzeichen hat Root Leeb dort über 200 Namen bedeutender europäischer und arabischer Autoren und Autorinnen verschiedener Jahrhunderte verewigt, von Sokrates über Scheherazade, Cervantes, Jonathan Swift, Stendhal, Leo Tolstoi, Karl Valentin, Franz Kafka, Bairam at Tunisi, Jannis Ritsos, Pasolini, Italo Calvino, Antonio Skarmeta und Anton Shammas bis zu Astrid Lindgren. Die Vignetten schaffen so ein orientalisch-okzidentales Amalgam.

In der zweiten Hälfte der 90er Jahre widmet Rafik Schami zwei Werke bedeutenden deutschen Poeten und erweitert den Dialog der Kulturen damit um eine neue Dimension. 1997, zum 200. Geburtstag Heinrich Heines, wird das Hörspiel *Zu Gast bei Harry Heine* erstmalig beim SDR ausgestrahlt; 1999 erscheint zum 250. Geburtstag Johann Wolfgang Goethes der Roman *Der geheime Bericht über den Dichter Goethe*. Das Hörspiel baut die Fiktion auf, Rafik Schami, »der Urenkel Adelbert von Chamissos im dichterischen Sinne«, besuche Heinrich Heine in dessen Pariser Exil, um mit ihm ein Interview zu führen. Es entspinnt sich eine Diskussion über die Notwendigkeit wie die

Übel des Exils, über das Schreiben im anderen Land und über den späten Ruhm im eigenen Land, ferner sprechen die beiden Autoren über die Schrecken der Diktaturen heute und vor 200 Jahren und über die Macht des Wortes wie der Literatur im Kampf gegen Schreckensherrschaft. Schami klärt Heine darüber auf, dass dieser, der ehemals geschmähte Schriftsteller, heute auch im eigenen Land ein gefeierter Poet ist; und er versichert ihn seiner bedeutenden Rolle als Verfasser politisch explosiver Literatur, die noch nach nahezu 200 Jahren den Menschen Kraft und Ansporn dazu gebe, sich gegen ihre Unterdrücker aufzulehnen.

Der geheime Bericht über den Dichter Goethe ist eine literatur- und kulturhistorische Auseinandersetzung mit dem Werk des Dichters und Weltbürgers. Rafik Schamis Begegnung mit Goethe fand erst in Deutschland statt; eine intensive Beziehung entwickelte sich in den späten 90er Jahren. In seiner Jugend, als Schami zunächst in der Klosterschule im Libanon und später in seiner Heimatstadt

Heinrich Heine wurde 1797 als Sohn eines jüdischen Kaufmanns in Düsseldorf geboren. Nach ersten literarischen Erfolgen (*Buch der Lieder* 1827 und *Reisebilder* 1826–31) ging er 1831 nach Paris, um dort als freier Schriftsteller zu leben. In der Verständigung zwischen Deutschland und Frankreich sah er seine »pazifice Mission« und wurde zu einem der wichtigsten Vermittler zwischen beiden Nationen, auch weil er seine Texte sowohl in deutscher als auch in französischer Sprache verfasste. Wegen seiner Kritik an den »deutschen Zuständen« wurden Heines Schriften 1835 in Deutschland verboten. Daraufhin wurde Paris zu Heines dauerhaftem Exil, wo er 1856 starb; die letzten acht Jahre seines Lebens verbrachte er als kranker Mann in seiner »Matratzengruft«. Zu den bekanntesten Werken Heines gehören *Deutschland. Ein Wintermärchen* (1844) und *Die Loreley* (entstanden wohl 1823).

Damaskus den Kosmos der europäischen Literatur für sich entdeckte, war in den arabischen Ländern nur wenig von den deutschen Dichtern bekannt. Auf dem Buchmarkt stand französische, britische, russische, türkische, US- und lateinamerikanische oder auch chinesische, kaum jedoch deutsche Literatur zur Verfügung. Erst das Leben in Deutschland eröffnete Schami den Zugang zu den deutschen Autoren, wie Lichtenberg, Hölderlin, Heine, die Brüder Mann, Musil, Feuchtwanger, Tucholsky, Werfel, Kästner, Anna Seghers, Frisch, Dürrenmatt, Grass und Bichsel. Sukzessive las er sich auch in die Werke Goethes ein, beginnend mit *Die Leiden des jungen Werthers*, und besuchte verschiedene Aufführungen des *Faust*. Doch zunächst empfand Schami keine große Sympathie für den Menschen Goethe und sein Werk: »Goethe hat mich früher abgestoßen. Ich liebte die Romantiker und betrachtete ihn eher als dichtenden Minister und arroganten Staatsdiener. Aber sein Divan hat ihn mir geöffnet. Das Büchlein las ich 1977 während einer Erkrankung, und es hat mein Herz erobert.« In den Jahren 1997–99 folgte dann eine gründliche Auseinandersetzung mit der Persönlichkeit Goethes und dessen Werk, als er zusammen mit seinem Co-Autor Uwe-Michael Gutzschhahn den Roman *Der geheime Bericht über den Dichter Goethe* vorbereitete: »Ich hatte die edle Ausgabe von Hanser (Sämtliche Schriften) mit ihrem großzügigen Apparat, aus dem jeder Anfänger Goethe verstehen konnte.«

Die Idee, als einen Beitrag zum Goethejahr 1999 eine Einführung für Jugendliche in Goethes Werk zu gestalten, eingebettet in eine spannende Geschichte, kam vom Hanser Verlag: Der Verlag war der Ansicht gewesen, man könne den Kosmopoliten Goethe nicht besser feiern als durch einen Autor, der wie Goethe selbst auch kosmopolitisch eingestellt ist. 1997 sprach der Leiter der Kinder- und Jugendbuch-Abteilung bei Hanser Schami im Auftrag des Verlages an, ob er zu einer Verwirklichung dieses Projekts bereit sei. »Ich fühlte mich sehr geehrt. Wer hätte das am Anfang gedacht, dass ich auserwählt werde, über einen deutschen Fürsten der Literatur zu schreiben.« Schami bat sich zunächst Bedenkzeit aus, weil sein Projekt eines großen Liebesromans zu diesem Zeitpunkt schon weit fortgeschritten war. Er fürchtete, die Arbeit an diesem Text könne durch das neue Projekt

In den späten zwanziger Jahren entwickelt Goethe das Konzept einer **Welt-literatur**. Er meint damit weder einen Kanon ästhe-tisch wertvoller Werke noch eine möglichst um-fangreiche Sammlung der Literatur aller Kulturen, sondern die Idee eines um-fassenden interkulturellen Austauschs. In diesem Dialog sollen die nationa-len Eigenheiten nicht ni-velliert werden, sondern zur gegenseitigen Berei-cherung führen. So heißt *es in Maximen und Reflexionen*: »Nationalliteratur will jetzt nicht viel sagen, die Epoche der Weltliteratur ist an der Zeit, und jeder muß jetzt dazu wirken, diese Epoche zu beschleunigen. Aber bei solcher Schätzung des Aus-ländischen dürfen wir nicht bei etwas Besonderem haften bleiben und dieses für musterhaft ansehen wollen.«

Goethes bereits frühe Kennt-nis orientalischer Kultur und Dichtung intensivierte sich, als er 1814 den gerade neu übersetzten *Divan* des persischen Dichters Mo-hammad Schamseddin Hafis (1320–1390) las. We-sentlich 1814 und 1815 schrieb Goethe seinen Ge-dichtszyklus ***West-östlicher Divan*** (Erstausgabe 1819), vorwiegend auf zwei Rei-sen in das Rhein-Main-Ge-biet, wo er Marianne von Willemer begegnete, die ihm zur ›Muse‹ wurde und selbst mit einigen Gedich-ten im Zyklus vertreten ist. Das Zentrum der zwölf Bücher des Zyklus bildet das *Buch Suleika*, in dem Goethe seine Beziehung zu Marianne von Willemer in dem fiktiven Paar Ha-tem und Suleika spiegelt. Goethe gelingt in seinen Gedichten eine weniger formale als thematische und motivische Annähe-rung an die Dichtung von Hafis und von anderen persischen und arabischen Dichtern mit den Themen-kreisen Poesie, Religion, Politik sowie Liebe und Lebensgenuss.

leiden. Doch dann kam ihm die Idee der Rahmenhandlung »wie eine Vision« und er schrieb eine Nacht durch
und entwarf die Konzeption des Buches. Am nächsten
Tag rief er beim Verlag an und sagte unter der Bedingung zu, dass Uwe-Michael Gutzschhahn als sein Co-Autor in Erscheinung treten solle.

In der Rahmenhandlung des Romans wird die Idee eines Dialogs der Kulturen entwickelt; darin eingefügt sind
neun Kapitel, »neun Nächte«, in denen das Werk Goethes
vorgestellt und aus europäischer wie arabischer Sicht diskutiert wird; im Anhang wird, nach dem Abschluss der
Rahmenhandlung, eine Biographie Goethes geboten. Rahmenhandlung und Biographie Goethes stammen aus der
Feder Rafik Schamis, die Kapitel zu Goethes Werk wurden zwischen beiden Autoren aufgeteilt: Die »Nächte«, in
denen *Werther*, Goethes Farbenlehre, der *Divan* und der
Zauberlehrling, dies unter der Überschrift »Goethe für
Kinder«, diskutiert werden, schrieb Schami; die Kapitel
zur Lyrik, zu den *Wahlverwandtschaften*, zu *Faust* und zum
Wilhelm Meister stammen von Gutzschhahn. Der Text zu
Reineke Fuchs entstand gemeinsam. Nach Fertigstellung
der Kapitel überarbeiteten Schami wie Gutzschhahn die
Texte des jeweils anderen. »Am Ende war das Buch in je-
der Zeile ein Gemeinschaftswerk.«

Die Rahmenhandlung des *Geheimen Berichts* erzählt die
Geschichte der Martha von Suttner und ihres Sohnes
Thomas (*arab.* Tuma), die nach einem Sturm als einzige
Überlebende auf der arabischen Insel Hulm stranden.
Das Schiffsunglück verbindet das Schicksal der beiden
Deutschen mit dem Schicksal der Insel und der dortigen
Herrscherfamilie, des Sultans Zaki und dessen Sohn Kron-
prinz Hakim. Durch den gegenseitigen Austausch über
die jeweils andere Kultur entwickeln sich eine Freund-
schaft zwischen den beiden jungen Männern und eine
Liebe zwischen Martha von Suttner und dem Diplomaten
des Sultans, Salih Ben Akil. Die Vermittlung und Verbindung zwischen Orient und Okzident, die der Text thematisiert, wird so in den Protagonisten der Rahmenhand-

lung personifiziert. Mit der Wende zum 20. Jh. ist die Handlung in eine Zeit verlegt, in der der schleichende Niedergang des Osmanischen Reichs, der im 17. Jh. begonnen hatte, sein Ende findet und die Kolonialmächte England und Frankreich die alleinige Macht im arabischen Raum erobern. Der Roman ist gleichzeitig Spiegel aktueller Politik: Die Situation der Insel Hulm ist sowohl eine Abbildung des Kampfes der historischen Kolonialmächte um Macht und Reichtum im Nahen Osten, als auch eine Darstellung des Kampfes um machtpolitischen Einfluss und um Öl Ende des 20. Jhs.

In der Insel Hulm (*arab.* = Traum) erschafft Rafik Schami einen utopischen Raum. Er beschreibt eine Gesellschaft, in der der freie Austausch wie die freie Sammlung von Wissen und die ungestörte Entfaltung der Künste möglich sind. Kronprinz Hakim hat nach dem Tod seines Vaters die Vision, ein »Zentrum der Weisheit« zu gründen, in dem das kulturelle, philosophische und literarische Wissen der orientalischen und okzidentalen Welt vereinigt wird. Zu diesem Zweck entsendet er zehn Kundschafter in die wichtigsten Länder Europas, die nach ihrer Rückkehr einer geheimen Gelehrtenkommission die bedeutendsten Dichter und Philosophen der europäischen Völker vorstellen sollen: Die Kommission entscheidet, welche der Dichter und Denker in den Lehrplan der Schulen und Universitäten aufgenommen werden sollen, um den Kindern der Insel Hulm das Wissen der Welt zu lehren und in ihnen Verständnis für die Europäer zu wecken. Die Rahmenhandlung wird so zur harten Kolonialismuskritik, auch in der impliziten Erinnerung daran, dass die Kolonialmächte sich nicht die Mühe gemacht hatten, die Kulturen der eroberten und besetzten Länder zu verstehen, sondern versuchten, ihnen ihre Kultur und ihre Art zu denken aufzuzwingen. Die Klosterschule eines französischen Ordens im Libanon, die Schami selbst besuchen musste, ist nur ein Beispiel für das Erziehungsprogramm der Kolonialmächte, das bis heute ausstrahlt. Versteckt findet sich in dieser Kritik auch Schamis These, dass die arabischen Hochkulturen durch die Besetzung der Kolonialmächte, zunächst der Osmanen, dann der Engländer und Franzosen, in ihrer kulturellen Entwicklung zurückgeworfen wurden. Bis zum heutigen Tage haben sich die Länder des Nahen Ostens davon nicht wirklich erholt. In der Jahrhunderte andauernden Verweigerung einer eigenen kulturellen Identität durch Fremdherrschaft sieht Schami einen Grund für den heutigen Fundamentalismus islamischer Prägung. Der Text ist jedoch keine einseitige Kritik der Kolonialmächte, sondern auch Kritik an den ehemals Kolonisierten, denen vorgeworfen wird, in der Unterwerfung die eigene Identität verloren zu haben. Der Roman über den Weltbürger Goethe ist ein Appell an alle Völker der Welt, sich auf einen Austausch der Kulturen einzulassen und vom Fremden zu profitieren, ohne das Eigene zu verleugnen; Sultan Zaki formuliert dies im Roman so: »Hulm befindet sich mittendrin. Der Golf wird durch seine Lage und seine Mineralien das pulsierende Herz der Zivilisation. Wir gaben vier Weltreligionen, nun geben wir den Saft für die Maschinen. Die Europäer werden kommen. Das ist kein böser Wille, sondern der Lauf der Zeit, und wir sollten uns darauf vorbereiten, das von ihnen zu nehmen, was uns passt, und das Übrige zu lassen. Nur so werden wir stark genug sein, um der ganzen Welt die Tür öffnen zu können und sie willkommen zu heißen.« Der Traum von der Insel Hulm ist auch die Utopie einer Gesellschaft, die sich ohne Aggression von außen frei entwickeln kann; eine Gesellschaft, in der die Gleichheit aller Menschen und die Gleichheit der Geschlechter Wirklichkeit ist.

Der Anklang des Namens der weiblichen Hauptfigur *Martha* von Suttner an die historische Figur *Bertha* von Suttner, eine bedeutende Frauenrechtlerin und Pazifistin um 1900, der Zeit also, in der der Roman spielt, ist durchaus gewollt. Schami nimmt so auch in diesem Buch das Motiv der Utopie des friedlichen Zusammenlebens der Völker auf. Dieses Modell hat jedoch nur so lange Erfolg, wie sich die Inselbewohner im Verborgenen halten können. In dem Moment, als die Insel von den Kolonialmächten entdeckt wird, wird sie erobert und versinkt schließlich wie ein arabisches Atlantis. In diesem resignativen Schluss demonstriert Schami, dass es weder den ehemaligen Kolonialmächten noch den modernen Supermächten gelungen ist, eine Einheit der Völker zu schaffen.

Der geheime Bericht über den Dichter Goethe wird zugleich aus der Sicht des deutschen Germanisten Gutzschhahn wie aus dem Blickwinkel des seit langen Jahren in Deutschland lebenden Syrers Schami erzählt. Der Roman ist damit als Zeugnis der anderen Perspektive auf den deutschen Dichter ein interessantes Dokument deutsch-arabischer Goetherezeption. In der Fiktion ist der »Bericht des hochwohlgeborenen Prinzen Tuma« die Goethe-Analyse eines arabisierten Deutschen. In dieser Figur des gebürtigen Deutschen Thomas, der sich nach mehrjährigem Aufenthalt auf der Insel zum Deutsch-Araber Tuma entwickelt hat, verschmelzen die beiden Autoren des Romans, der syrische Schriftsteller Rafik Schami und der deutsche Germanist Uwe-Michal Gutzschhahn. Die Rahmenhandlung wird so auch zu einem Spiegel der Entstehungsbedingungen des Romans.

Nach Hulm zurückgekehrt, wählt Tuma die Werke des Dichters Goethe, um den Arabern die deutsche Kultur näher zu bringen. In insgesamt neun Nächten werden lyrische und dramatische Texte Goethes, Werke der Prosa wie auch naturwissenschaftliche Abhandlungen diskutiert und analysiert, die neunte Nacht dient einer Abstimmung über die Aufnahme Goethes in das »Zentrum der Weisheit«. Die Kommission zeigt die Faszination, aber auch die Schwierigkeit eines solchen Literaturaustauschs. Nicht alle Verständigungsbarrieren können abgebaut werden. Die Gemeinsamkeiten zwischen Orient und Okzident werden dargestellt und betont, in manchen Punkten sind die Unterschiede zwischen orientalischem und okzidentalem Literaturverständnis und Menschenbild jedoch zu groß. Die größten Gegensätze zeigen sich in der Gattung des

Romans; die Differenzen sind auf eine unterschiedliche Gesellschafts- und Ich-Konzeption der beiden Kulturen zurückzuführen. Auch ein Verständnis des Goetheschen *Faust* wird nur bedingt erreicht; ein völliges Verstehen scheitert an der im Drama propagierten Radikalität einer absoluten Freiheit des Ich und an dem der Aufklärung geschuldeten freien Umgang mit Religion. Als kulturübergreifendes Thema erweist sich jedoch die Liebe. Höhepunkt des Verstehens ist die Lyrik und hier insbesondere der *Divan*, in dem Goethe seinerseits die größte Annäherung an den Orient gelingt. Nach der siebten Nacht, die der Lyrik gewidmet war, wird wie ein unerwartetes Geschenk eine weitere Nacht für den *Divan*, die »Perle unter Goethes Werken« (S. 127), zugegeben.

Auch mit dem Roman über Goethe geht Schami auf Lesereise; die beiden Autoren teilen sich dabei die Arbeit: der Schriftsteller Schami übernimmt die eigentlichen Lesungen, der Germanist Gutzschhahn stellt den Roman in Schulen vor. Lediglich eine Einladung des französischen Übersetzers, des Verlags und der Goethe-Gesellschaft ins Pariser Institut du Monde Arabe, wo sie vor 300 Zuhörern sprachen, nahmen Schami und Gutzschhahn gemeinsam wahr. Die größte Ehre wurde Schami allerdings zuteil, als er von der Stiftung Weimarer Klassik, der Goethe-Gesellschaft und der Stadt Weimar dazu eingeladen wurde, anlässlich des Festes zum 250. Geburtstag in Goethes Weimarer Wohnhaus zu lesen. Drei Abende lang durfte Schami vor jeweils 100 geladenen Gästen über Goethe und den Orient erzählen: »Es waren sehr bewegende Tage, dass ich als Exilant die Ehre bekam, im Hause des Meisters vor den Gästen zu stehen und ihnen frei über Goethe zu referieren.« Für Schami zählen die Tage in Weimar mit den Lesungen am Abend und der übrigen Zeit, in der er sich mit seiner Frau Root Leeb und dem Sohn Emil bei »1001 Kulturvorstellungen« in den Straßen der Stadt amüsierte, nach eigener Aussage zu den schönsten und entspannendsten seines Lebens. In diesen Tagen in Weimar entstand der Essay *Von der Flucht eines Propheten*, in dem sich Schami auf recht persönliche Weise mit Goethes Verhältnis zum Orient auseinandersetzt.

In der Fiktion des Romans wird die Goethe-Analyse für die Perspektive eines arabischen Publikums erzählt. Insofern ist es von einer gewissen Stimmigkeit, dass gerade dieser Roman als erster Text Schamis ins Arabische übersetzt wurde, sind doch die anderen Romane Schamis zunächst für ein okzidentales Publikum geschrieben und erfüllen die Aufgabe, die westliche Welt über den Orient aufzuklären. Dennoch sind auch sie geeignet, ein arabisches Publikum anzusprechen. Mit ihren offenen oder impliziten politischen Botschaften können sie die andere, doch mindestens ebenso wichtige Funktion übernehmen, einen Beitrag zur politischen Bewusstwerdung der Menschen im Nahen Osten zu leisten, dies umso mehr, als sie die okzidentale Philosophie der Aufklärung und der Demokratie mit einer arabischen Art des Denkens und des Erzählens verbinden. In der Aufklärung des Okzidents über den Orient wie auch im Verschmelzen der beiden Kulturen in der Fiktion ist Schami allerdings schon jetzt zu einem literarischen Brückenbauer geworden. Das Bild, das die westliche Welt vom Orient hat, ist geprägt von *1001 Nacht* auf der einen und von Diktatur, Gewalt, Terrorismus und Erdöl auf der anderen Seite. Auch Schamis Texte changieren zwischen der Märchenwelt aus *1001 Nacht* und der Darstellung der Moderne. Doch Rafik Schami ist ein Autor, der dem deutschen Leser die Schönheit des Orients nahe zu bringen versteht, ohne dabei die hässlichen Seiten zu verschweigen. Er erfüllt damit eine Aufgabe, die gerade in einer Epoche an Bedeutung zunimmt, in der der Nahe und Mittlere Osten von der westlichen Welt zunehmend als Bedrohung wahrgenommen wird. Durch eine Verbreitung seines Goethebuchs in Arabien kann er vielleicht auch bald dazu beitragen, das Europa- und Deutschlandbild des Nahen Ostens in positiver Weise zu beeinflussen.

Der politische Mensch und Autor

>»Nur die Erfahrung der Vergangenheit
>kann unsere Schritte in die Zukunft leiten.
>Ein Prophet, der die Vergangenheit vergisst,
>wird von der Zukunft vergessen.«

Seit seinem Aufenthalt in Deutschland begleiten Rafik
Schami drei politische Themen: das Leben im fremden
Land, wozu auch die Konfrontation mit Rassismus, Anti-
Islamismus und Anti-Arabismus und das entschiedene
Eintreten gegen derartige Tendenzen gehören; die oft
schmerzliche Auseinandersetzung mit den politischen Zuständen in seinem Heimatland und bei dessen arabischen
Nachbarn, die zu einem Teil seines Programms einer Aufklärung der westlichen über die arabische Welt werden
sollte; schließlich der Kampf für die Versöhnung zwischen Israel und Palästina, der 1971 mit ein Grund für
seine Flucht war und der ihn auch nach über dreißig Jahren noch immer begleitet. Die gesellschaftspolitische Sen-
sibilität speist sich aus den Erfahrungen des Aufwachsens
als Angehöriger der christlichen Minderheit in einem
muslimischen Land sowie dem Leben im Exil. Die drei
übergeordneten Themen wie auch manch andere tages-
politisch aktuellen Probleme fließen in seine Literatur ein
und gehören genauso zum Erzählkosmos des Rafik Schami wie die vielen schillernden Figuren, die seine Texte
bevölkern und die Leser durch Schlitzohrigkeit oder kleine
Gaunereien zum Schmunzeln bringen. Der Humor dient
Schami in seinen Erzählungen und Romanen auch als
Maskerade der Kritik. Dieser Weg, Herz und Verstand der
Menschen über das Lachen zu erreichen, eröffnet Schami
eine breite Zuhörerschaft. Ebenso ist es aber gerade der
Humor, der manchem Kritiker der Werke Schamis Anlass
zur Kritik gibt, indem sie die Bitterkeit dieses Humors
nicht erkennen oder erkennen wollen und Schamis Literatur als eine flache Fortsetzung von *1001 Nacht* lesen.

Schamis Werk ist – soweit auf Arabien bezogen – seit den Anfängen von zwei Polen geprägt: der harten (politischen) Kritik an der Heimat und der (märchenhaften) Stilisierung der Heimat als Paradies. Das Werk evoziert so eine regressive wie eine progressive Utopie: die Erinnerung an das verlorene Paradies, das Schami in der längst vergangenen Kultur Arabiens erkennt, jedoch durch Kolonisierung und Diktatur zerstört sieht, und die Hoffnung und Phantasie, seine Heimat könne sich einst wieder in ein zukünftiges, modernes Paradies verwandeln. Dies ruft jedoch Kritik von zwei Seiten hervor. Dem einen Teil der Kritiker, darunter Orientalisten und arabische Übersetzer aus dem linken Lager, geht Schamis Kritik am eigenen Land nicht weit genug, sie sehen in seiner Literatur nur das Schöne, Märchenhafte und Humoristische. Dem anderen Teil der Kritiker wiederum, darunter Kulturrelativisten und Vertreter einer verschwommenen Vorstellung von multikultureller Gesellschaft ohne erkennbare Differenzen eines Eigenen jeder Nation, geht Schamis Kritik am eigenen Land zu weit, sie sehen in seiner Literatur den Angriff eines assimilierten Arabers, der inzwischen »deutscher« sei als die Deutschen selbst, auf die Menschen und Literaten Arabiens. Schami selbst spricht bei dieser zweiten Gruppe der Kritiker von »Maklern der Kulturen« und wirft ihnen vor, in ihrer Zusammenarbeit mit den Kultusministerien der arabischen Länder Funktionäre der Kulturvermittlung zu sein: »Will einer ein Funktionär der Kulturvermittlung bleiben, so ist er darauf angewiesen, das Regime zu akzeptieren und bald auch die Regimegegner als seine eigenen Feinde zu betrachten. 300 Jahre humanistische Demokratie- und Freiheitsgeschichte des Abendlandes gehen dabei verloren.«

Schamis Leben ist seit den Anfängen seines Erfolgs so auch geprägt von verschiedenen Konfrontationen und ideologischen Abgrenzungen. Persönliche Angriffe gegen den Autor blieben dabei nicht aus. Auch Schami selbst scheut die offene Konfrontation nicht, wenn sie seiner Ansicht nach von der Sache her geboten ist, in öffentlichen

Diskussionen, offenen Briefen oder politischen Essays in Büchern und überregionalen Tageszeitungen. Er hat den Anspruch, die spät erworbene und hart erkämpfte Freiheit unter allen Umständen zu verteidigen. Bis heute ist Schami immer darum bemüht gewesen, sich von den staatstreuen arabischen Institutionen abzusetzen und sich nicht vereinnahmen zu lassen, auch nicht durch verschiedentliche Versuche, den Erfolgsautor »heimzuholen«.

Noch im Vorfeld der Arabien-Buchmesse 2004 versuchte die Arabische Liga über ihre deutschen Kontaktmänner, Schami als Galionsfigur auszunutzen und seine Popularität in ihren Dienst zu stellen: Sie bot ihm den erstmalig verliehenen Preis »Bester arabischer Schriftsteller in Deutschland« an. Schami lehnte jedoch schroff ab. Auch Angebote von staatlicher Seite, seine Literatur ins Arabische zu übersetzten, freilich mit der Auflage der Zensur, d. h. der Kürzung und »Säuberung«, lehnte er immer wieder entrüstet ab. Dass seine Literatur von den Menschen in Arabien lange nicht gelesen werden konnte, war eine der Enttäuschungen und Kümmernisse seines Lebens. Und dennoch bezeichnet er es als Auszeichnung, in den arabischen Ländern auf der schwarzen Liste zu stehen; dies sei für ihn der höchste arabische Literaturpreis.

Die **Arabische Liga** ist ein Zusammenschluss der arabischen Staaten. Ziele sind die weitgehende politische, wirtschaftliche und kulturelle Zusammenarbeit der Teilnahmestaaten innerhalb der Liga und die Definition einer gemeinsamen Außenpolitik gegenüber den Staaten außerhalb Arabiens. Gegründet wurde die Arabische Liga am 22. März 1945, wenige Monate vor dem Ende des Zweiten Weltkriegs und damit vor dem Hintergrund der fortschreitenden Entkolonialisierung. Gründungsstaaten waren Ägypten, Irak, Jemen, Jordanien, Libanon, Saudi-Arabien und Syrien. In den Jahren zwischen 1953–1993 erweiterte sich die Liga auf 23 Mitglieder, darunter auch die PLO. Sitz des Generalsekretariats der Liga ist Kairo.

Ein wesentlicher Impuls in Schamis Leben und für sein Selbstverständnis als Mensch, Autor und politischer Essayist ist der Kampf gegen jegliche Spätfolgen kolonialer Verformung, gegen Diktatur und gegen manifesten (rechten) wie pseudolinken Rassismus. Dies prägt seine Belletristik, mehr jedoch seine Essays und politischen Bücher. In der Auseinandersetzung mit diesen Tendenzen hat Schami an vielen Podiumsdiskussionen teilgenommen, er hat Vorträge auf Kongressen oder Kulturveranstaltungen gehalten und zahlreiche Essays veröffentlicht. Schami hat sich immer in die aktuelle öffentliche Diskussion eingemischt. Dafür stehen auch seine drei politischen Buchveröffentlichungen: *Damals dort und heute hier* (1998), worin er in Interviewform mit dem Germanisten Erich Jooß über seine Erfahrungen in der Fremde spricht; *Angst im eigenen Land* (2001), eine von Schami herausgegebene Sammlung von Erzählungen und Essays israelischer und palästinensischer Literaten und Intellektuellen zum Israel-Palästina-Konflikt; schließlich *Mit fremden Augen* (2002), eine in Tagebuchform verfasste Stellungnahme Schamis zum 11. September, gleichermaßen eine sehr persönliche Darstellung der eigenen Ängste nach dem Aufflammen des Terrors, eine historisch-sachliche bis provokativ-polemische Hinterfragung der Ursachen und eine Diskussion der möglichen Folgen des Terroranschlags in New York 2001.

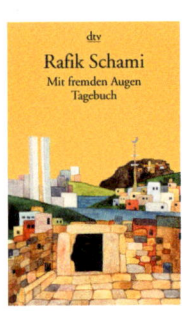

Mit dem manifesten Fremdenhass der Neonazis wurde Schami seit seiner Ankunft in Deutschland relativ selten konfrontiert. Nur einmal kommt es während einer Lesereise zu einer tätlichen Auseinandersetzung, als zwei Neonazis versuchen, ihn beim Aussteigen aus einem Zug zu hindern, und ihn dabei tätlich angreifen. Hier mag ihm das »Training« einer echten Straßenkindheit zugute ge-

kommen sein, denn er reagiert nicht passiv und einge-
schüchtert, sondern, wie er es selbst ausdrückt, »auf arabisch, schnell, wortlos und gewalttätig«. Schami kommt
mit einem blutenden Schienbein und mit »fürchterlichen
Schmerzen im Handgelenk (es war die kräftigste Ohrfeige, die ich je einem Menschen verpasst habe)« davon. Er
musste seinem Gastgeber den Vorfall verheimlichen, da
in Paderborn Kinder auf seine Lesung warteten: »Das war
meine komischste Lesung, während ich Lachgeschichten
erzählte, klopfte der Schmerz ununterbrochen in meinem
Bein und meiner Hand.«

Anfang der 90er Jahre, in der Folge des Falls der Berliner Mauer November 1989 und der Wiedervereinigung
Oktober 1990 erlebte Deutschland eine Phase des heftigen
Aufflammens von Nationalismus und Rechtsradikalismus.
Gesamtdeutsch war dies getragen von dem Gefühl mancher Kreise, wieder ein einig Deutschland zu sein und sich
nun die gebührende Stellung in der Welt zurückerobern
zu können und zu müssen. Speziell in Ostdeutschland
brachen zudem Ressentiments gegen Fremde und Ausländer auf, die jahrzehntelang gewaltsam von der Diktatur unterdrückt worden waren. Hinzu kam eine andere
Vergangenheitsbewältigung und Aufarbeitung der Nazi-
verbrechen in der ehemaligen DDR, die der Haltung der
DDR-Führung geschuldet war, als Kommunisten, die ja
auch von den Nazis verfolgt worden waren, keine eigene
Schuld oder Verantwortung für das Vergangene zu tragen. Vor allem die Jugend der ehemaligen DDR, denen
die Autoritäten in Schule und Staat weggebrochen waren, war verunsichert und suchte zum Teil ihr Heil in den
griffigen Parolen und der scheinbaren Geborgenheit neo-
nationalistischer Gruppen. Die deutsche Zivilgesellschaft
war stark genug, diesen Erschütterungen Stand zu halten; in zahlreichen Demonstrationen und Lichterketten
stellte sich das deutsche Volk gemeinsam gegen die Gefahr von Rechts. Auch Rafik Schami, als ein Teil der deutschen Zivilgesellschaft und zugleich als Angehöriger der
Minderheiten in Deutschland, war offensiv am Kampf

47 Mitte der
90er Jahre

gegen rechte Tendenzen beteiligt. Doch er übt auch Kritik
an den hilflosen Versuchen der Deutschen, im Kampf gegen Fremdenhass die Andersartigkeit der verschiedenen
Kulturen zu nivellieren, und tritt als ein entschiedener Kritiker einer naiven Multi-Kulti-Ideologie auf. Immer wieder wehrt er sich gegen solche Nivellierung, die oftmals
nichts anderes sei als ein Ausdruck von Eurozentrismus,
und besteht auf der Eigenart der Kulturen und der Berei-
cherung durch das Andere.

Es ist Schami in der Auseinandersetzung mit dem
»Gastland« allerdings auch wichtig, nicht bei der bloßen
Kritik von Fremdenhass und des Rassismus stehen zu
bleiben. Er benennt die Probleme zwischen Deutschen
und hier lebenden Ausländern offen und unverblümt,
bietet aber zugleich eigene Lösungen an, wie z. B. die Er-
richtung eines Minderheitenrates, die er im Gespräch mit
Erich Jooß in *Damals dort und heute hier* ausführlich erklärt. Auf der anderen Seite sah es Schami schon früh als
seine Aufgabe – und dies verstärkt sich zunehmend, je
länger er in Deutschland lebt –, den pessimistischen
Deutschen nahe zu bringen, in welch wunderbarem Land
sie leben. Schami sieht in Deutschland ein Land voller Na-
turschönheiten und ein Land voller kultureller Offenheit
gegenüber unterschiedlichster nationaler und internatio-
naler Kunst. Zudem ist es ihm immer wichtig gewesen,
seinem »Gastland« Deutschland seine tief empfundene

Dankbarkeit für eine freundliche und offene Aufnahme seiner Person und für die warmherzige Aufnahme seiner Literatur zu danken. Schami weiß, wie viel er Deutschland und den Deutschen zu verdanken hat. Er ist sich dessen bewusst, dass die frühe Annahme durch die Universität Heidelberg einer der größten Mosaiksteine seines Erfolgs als Autor orientalisch-okzidentaler Literatur war: Wäre er, wie ursprünglich geplant, in die ehemalige Kolonialmacht Frankreich emigriert, wäre er einer unter vielen gewesen, während er, wie er selbst sagt, in Deutschland Pionierarbeit für ein Verständnis der arabischen Gesellschaften und Kulturen leisten konnte.

Doch trotz aller Dankbarkeit ist das Verhältnis zwischen Schami und den Deutschen, insbesondere zwischen Schami und dem deutschen Kulturbetrieb, nicht ohne Spannungen. Immer wieder, seit seinem Studium in Heidelberg, sieht sich Schami persönlich, zunächst als Student und später als Angehöriger des Kulturbetriebs, als Leser von Zeitungen und insbesondere als Rezipient des Fernsehens mit dem »leisen«, unauffälligen und kaum greifbaren Rassismus mancher Intellektueller konfrontiert, einer Form des Rassismus, die Schami persönlich mehr verletzt und erschüttert als jeder Angriff eines primitiven Neonazis. Diese Form des Rassismus äußert sich in scheinbar witzig-ironisch gewendeten Angriffen gegen Ausländer, oder aber in herablassendem Wohlwollen und Gönnerhaftigkeit – und gegen diese Form des Rassismus ist noch schwieriger anzugehen. Ebenso tief enttäuscht ist Rafik Schami von einem »internen« Rassismus innerhalb der Gruppe der Ausländer, von der auch der Kulturbetrieb nicht frei ist.

Insbesondere beklagt Schami den oftmals primitiven und kaum kaschierten Anti-Arabismus und Anti-Islamismus in Rundfunk und Fernsehen. Einen Grund für die besondere Ablehnung der Araber durch die Deutschen und die relative Salonfähigkeit von Witzen und Angriffen gegen Araber und Moslems sieht Schami in der deutschen Geschichte: Die Erfahrungen des Nationalsozialismus und der Judenverfolgung habe bei vielen Deutschen zu einem ausgeprägten und kritiklosen Philosemitismus geführt, der zudem das Volk der Israelis mit der Glaubensgemeinschaft der Juden gleichsetzt; daraus habe sich nach der Gründung des Staates Israel und dem Beginn der kämpferischen Auseinandersetzungen zwischen Israelis und Arabern ein Hass gegen die Gegner Israels entwickelt.

Rafik Schami wuchs in einem Land auf, für das der Konflikt zwischen Arabern und Israelis zum Alltag gehört. Seit 1965, dem Beginn des bewaffneten Widerstands der Palästinenser, ist Syrien immer wieder mit dem Nachbarstaat Israel in militärische Auseinandersetzungen verwickelt. 1967, im Alter von einundzwanzig Jahren und damit auf dem Höhepunkt seiner adoleszenten Politisierung, erlebte Schami die Niederlage der arabischen Welt, als Israel im so genannten ›Sechs-Tage-Krieg‹ die arabischen Staaten in einem Blitzangriff besiegte. Es folgte ein Aufflammen des Antisemitismus in den arabischen Staaten. In persönlicher und besonders schmerzlicher Weise erlebt Schami die Auswirkungen des Krieges, als er durch die militärischen Auseinandersetzungen in der Grenzregion zwei Freunde verliert, die gerade ihren Militärdienst ableisteten. Diese Erfahrungen des jungen Mannes, ebenso die Erlebnisse als Lehrer in einer Frontschule, machten Schami die Versöhnung zwischen den Kriegsparteien des Israel-Palästina-Konflikts früh zu einem Herzensanliegen.

Ebenso ist und bleibt die Aufdeckung von verbrecherischen Strukturen in seinem Heimatland und anderen arabischen Staaten eine wichtige Motivation des Lebens und der Literatur Schamis. In den zwei Jahren, bevor Schami 1978 mit dem Buch *Andere Märchen* seinen ersten Erzählungsband herausbringt, publiziert er unter dem Pseudonym Samir Talli in zwei politischen Büchern: mit *Libanon am Wendepunkt* veröffentlicht er 1976 als Co-Autor und Herausgeber einen Text über den Bürgerkrieg im Libanon, unter dem Titel *Syrien* erscheint 1978 im Sammelband *Nahost, Stimmen der Opposition* ein großer Beitrag über die Opposition in seinem Heimatland; 1980 veröffentlicht die ›taz‹ Schamis Artikelserie *Krise in Syrien* in drei Folgen, wiederum unter dem Pseudonym Samir Talli. Diese kritischen Artikel und Bücher haben Schami in letzter Konsequenz die Heimat gekostet, weil er durch sie für die Herrscher der arabischen Staaten zu einer persona non grata geworden ist. Von seinem Heimatstaat wird er als Landesverräter beschimpft. Besonders in den ersten Jahren seines Exils begibt sich Schami, der als politischer Gegner unter Beobachtung des Geheimdienstes steht, mit dieser offen geäußerten Kritik durchaus in Lebensgefahr.

Der Kampf für eine Versöhnung zwischen Israel und Palästina begleitet Schami bis zum heutigen Tage. Schon während seiner Studentenzeit in Heidelberg hatte er sich aktiv für den Dialog und die Aussöhnung zwischen Israelis und Palästinensern engagiert. Im Jahre 2000 erhält er erneut eine ganz besondere Gelegenheit, einen öffentlichen Dialog zwischen israelischen und palästinensischen Intellektuellen zu organisieren und zu leiten. Im Sommersemester dieses Jahres war Rafik Schami literarischer Gast des Collegium Helveticum der ETH Zürich. Seine Antrittsvorlesung, der er den Titel *Exilgespräche* gibt, setzt sich mit dem Thema *Dialog* auseinander, wobei er auch über das Wort *Gespräch* nachdenkt, das, wie er meint, eigentlich »Gehörspräch« heißen müsste. Auch das Seminar, das er leitet, widmet er dem Thema *Gespräch*. Eine der Sitzungen hatte das Gespräch unter Feinden zum Thema; Schami wählte für seinen Dialog zweier fiktiver Personen die Männer Mosche *(hebräisch für Moses)* und Mousa *(arab. für Moses)*. Aus diesem Gespräch zwischen Israeli und Araber erwuchs die Idee für ein Symposium, das israelische und palästinensische Intellektuelle in Zürich zum Dialog zusammenführen sollte.

Mit Helga Nowotny und Johannes Fehr machte sich Rafik Schami an die Verwirklichung dieser Idee: Helga Nowotny und Johannes Fehr übernahmen die praktische Organisation, während Schami die Kontakte herstellte: »Die Idee war klasse, aber deren Durchführung erwies sich als fast unmöglich. Israel marschierte ins Westjordanland und in Gaza ein und zerstörte die Infrastruktur des Lebens. Die Hamas-Terroristen sprengten sich in Bussen und Restaurants in die Luft. Ich gebrauchte das gesamte Gewicht meiner Überredungs- und Sprachkunst und konnte schließlich palästinensische und israelische Intellektuelle überzeugen.« Nach der Eröffnungsrede, die Rafik Schami gemeinsam mit Helga Nowotny hielt, diskutierten die geladenen Gäste, die zum Teil unter Gefahr für ihr eigenes Leben angereist waren, drei Tage lang unter seiner Leitung das Thema *Angst im eigenen Land*; der gleichnamige Sammelband dokumentiert die Ergebnisse der Diskussion. »Es waren sehr bewegende Tage. Doch auch hier erfuhr ich Überraschungen: so z. B. dass so genannte engagierte Autoren ängstlich die Teilnahme ablehnten, während erfolgreiche Autoren, die es nicht nötig hatten teilzunehmen und ihr Leben zu gefährden (z. B. Batya Gur und Anton Shammas), gekommen waren und leidenschaftlich diskutierten.«

Ein Jahr nach dem Symposium in Zürich, in der Folge des 11. September 2001, wird der Nahe Osten erneut zum Brennpunkt des weltweiten Interesses. Rafik Schami ist kein regelmäßiger Tagebuchschreiber, doch die Ereignisse des 11. September 2001, die Terroranschläge auf das World Trade Centre in New York und das Pentagon in Washington, die mehreren tausend Menschen den Tod bringen, erschüttern ihn so heftig, dass er am 11. Oktober zur Feder greift, um seine Gedanken zu ordnen. Ein Jahr später publiziert er das Tagebuch unter dem Titel *Mit fremden Augen. Mit fremden Augen* ist das eindrucksvolle Dokument eines in Deutschland lebenden Aramäers, der sich auf Grund seiner eigenen Volkszugehörigkeit sowohl den Arabern und Palästinensern wie auch den Israelis verwandt fühlt. Die Tageseinträge sind unterschiedlich: An vielen Tagen ist das Buch das Werk eines historisch gebildeten Menschen, der sich mit der Geschichte seiner Heimatregion und der Beziehung zwischen Orient und Okzident, einer in Jahrhunderten gewachsenen Beziehung des kulturellen Austauschs und der kriegerischen Konfrontation, auseinandersetzt; häufig fehlt es den Analysen dabei nicht an Polemik gegen alle beteiligten Parteien. An manchen Tagen ist es das Werk des Poeten Rafik Schami, der es versteht, insbesondere seine Hoffnung in poetische Bilder zu kleiden. An anderen Tagen jedoch ist *Mit fremden Augen* auch einfach nur das Tagebuch eines Mannes, den die aktuelle Weltlage und die Antwort der Politiker in Angst und Schrecken versetzen.

Mit fremden Augen spiegelt die unterschiedlichsten Stimmungslagen des Autors: unbändigen Zorn, auch gegen die Väter (und Mütter) dieser Welt und insbesondere gegen die arabischen und israelischen Väter, die ihre Kinder in Krieg und Terror aufwachsen lassen; die nackte Angst wegen dem, was schon geschehen ist, und dem, was noch kommen könnte; die schwankende Hoffnung auf eine Besserung der Zustände. Schami beendet sein Buch am 2. Mai 2002 mit der Hoffnung, Arafats Heraustreten aus seinem zerstörten Amtsitz in Ramallah, den er nach monatelanger Belagerung erstmals wieder verlassen durfte, könne einst zum Symbol einer endgültigen positiven Wendung zum Guten in einem Jahrzehnte andauernden Konflikt werden; diese Vision ist leider nicht Wirklichkeit geworden. Die Auseinandersetzungen zwischen Israelis und Palästinensern haben in den Jahren nach der Veröffentlichung von Schamis Buch 2002 weiter an Schärfe zugenommen, jeder neue Funke Hoffnung wird immer wieder durch eine erneute Gewalttat der einen oder der anderen Seite zerstört. Und dennoch sind Bücher wie das Tagebuch Rafik Schamis nicht umsonst geschrieben, weil sie die Menschen in den westlichen Ländern und gerade auch in Deutschland über einen Konflikt aufklären, der hier sehr stark emotional und ideologisch besetzt ist, und weil sie die Menschen lehren, dass es nicht nur eine Wahrheit und ein klar definiertes Gut oder Böse gibt, sondern dass alle beteiligten Parteien, einschließlich der USA und der restlichen westlichen Welt, aufeinander zugehen und Kompromissbereitschaft zeigen müssen, um den gordischen Knoten zu zerschlagen. Rafik Schami selbst spricht in diesem Zusammenhang von einer »Dritten Stimme«.

Die dunkle Seite der Liebe

>»Ein Meisterwerk. Ein Wunderding der Prosa ...«
>(Fritz Raddatz)

Der Roman *Die dunkle Seite der Liebe* (2004) erscheint im Jahr 2004. Schon vorher hatte Rafik Schami in Interviews immer wieder angedeutet, dass er an dem langjährigen Projekt eines Liebesromans arbeite, einem großen Roman über die verbotene Liebe und die Sippenstrukturen in Arabien, dessen Wurzeln der Entstehung bis in die Zeit seiner Flucht aus Syrien zurückreichen. Nach Erscheinen der *Sieben Doppelgänger* 2000 hatte Schami seine Fans, die sich nun nicht mehr sicher sein konnten, ob sie das Original erlebt hatten oder einen der Doppelgänger, alleine gelassen; er hatte sich zurückgezogen, um sein Werk ungestört zu Ende bringen zu können. Die aktuellen Ereignisse, die Terroranschläge des 11. September, vereiteln diesen Plan. Schami wird aus seiner poetischen Arbeit herausgerissen und schreibt an seinem politischen Tagebuch *Mit fremden Augen*. Doch bereits in diesem Text gestattet Schami Einblicke in die Arbeit an dem Roman; der Leser lernt kleinere Randfiguren kennen und erfährt von der Angst des Helden. Der Roman ist so für den Schami-Leser nicht mehr nur Projekt, sondern wird schon durch diese kurzen Passagen zu einem von Figuren bevölkerten Erzählkosmos. Gleichzeitig erfährt der Leser, wie schwer es Schami fällt, seine Figuren in Damaskus zu verlassen und wie stark andererseits das Bedürfnis des Poeten und Essayisten ist, seine Gedanken und Emotionen nach dem Terroranschlag in Worte zu fassen. Im Vorwort zu *Mit fremden Augen* liefert Schami eine kleine Poetologie in fiktionaler Einkleidung, indem er Einblicke in die Abläufe seiner Kreativität gibt und von der Zwiesprache mit seinen Figuren erzählt.

Die dunkle Seite der Liebe ist ein in sich verschlungener Text, der verschiedene Geschichten und höchst unter-

schiedliche Themen wie kleine Steinchen zu einem großen Mosaikbild zusammenfügt. Aus einigem Abstand betrachtet, zeigt das fertige Mosaik ein Panorama der syrischen Gesellschaft von 1870 bis 1970, die in ihren
Strukturen politisch und historisch dargestellt wird und
deren Konflikte und Widersprüche in der Fehde zwischen den verfeindeten Sippen Muschtak und Schahin in
Handlung umgesetzt werden. Nähert sich der Betrachter,
so erkennt er im Mosaik des Gesellschaftspanoramas neue
Mosaikbilder, die für sich alleine eine Geschichte erzählen
und die wiederum ihrerseits, ebenso wie das große Bild,
aus kleineren selbstständigen Elementen zusammenge-
setzt sind. So wird die Lebensgeschichte jeder tragenden
Figur in einem eigenen Bild erzählt, das mit den Bildern
der anderen Figuren verbunden ist. Das größte Bild ist sicherlich für die männliche Hauptfigur Farid Muschtak,
Schamis alter ego, reserviert.

Die beiden heimlichen »Hauptfiguren« des Romans
sind jedoch die Liebe und die Sippenstruktur der arabischen Länder, die die aktuelle Tagespolitik bestimmt und
ihrerseits von der Religion bestimmt wird. Rafik Schami
stellt damit genau die drei Themen in den Mittelpunkt
seines Romans, die für die Zensoren der arabischen Staaten das »verbotene Dreieck« bilden: Religion, Sexualität
und Politik. Für Schami formen diese drei Themen das

48 Damaskus
in den 30er
Jahren

Herz jeder ernstzunehmenden Literatur; er sieht daher die aktuelle staatstreue Literatur Arabiens auch deshalb zum Scheitern verurteilt, weil sie sich dem Diktat der Zensur beugt und diese Themen auszusparen sucht. Angefangen hatte alles damit, dass Schami als damals Sechzehnjähriger in den Straßen von Damaskus Zeuge eines »Ehrenmordes« wurde; diese Szene bewegte ihn so sehr, dass er schon zu jener Zeit den Entschluss fasste, die Unmöglichkeit der Liebe über Religionsgrenzen hinweg zum Thema eines Romans zu machen. Es mag den deutschen Leser überraschen, dass Schami nicht die Geschichte zweier Liebenden muslimischen und christlichen Glaubens erzählt, sondern dass er den Roman auf der Feindschaft der beiden christlichen Glaubensgemeinschaften Syriens, der römisch-katholischen und der griechisch-orthodoxen Kirche, aufbaut. Die Anprangerung der Perversion der »Glaubenskriege«, die Schami im Mikrokosmos des christlichen Dorfes Mala (d.i. Malula) darstellt und im Kampf der Sippen Muschtak und Schahin personalisiert, gewinnt jedoch so an Intensität. Gleichzeitig entgeht er damit der Gefahr, als Christ des Anti-Islamismus beschuldigt zu werden. Im Gegenteil: Indem er in den Geschichten der beiden Sippen menschenverachtende orientalische Sitten, wie z.B. die Zwangsverheiratung, anprangert, relativiert er die Sicht des Westens, diese frauenfeindlichen Praktiken seien Ausgeburten allein

49 Malula vom Balkon des Hauses der Familie Fadél am Dorfplatz

der islamischen Religion. Er ist vielmehr der Auffassung, dass vor allem die soziale Organisationsform der Sippe das Individuum fest in ihrem Griff hält und Modernisierungsprozesse hemmt.

Die Geschichte der Liebe zwischen Farid Muschtak und Rana Schahin, so die Namen der Liebenden im Roman, erzählte ihm seine Mutter in Beirut wenige Tage vor seiner Ausreise. Am gleichen Abend schrieb er einen ersten Entwurf des Ablaufs der Geschichte in ein »kleines Heft«; in Deutschland angekommen, so der Plan, wollte er sofort mit dem Roman beginnen. *Die dunkle Seite der Liebe* begleitete Schami von seiner Flucht nach Deutschland im März 1971 bis zum Erscheinen in Buchform im August 2004. Doch während des ersten Jahrzehnts in Deutschland schlummerte die Geschichte verborgen in dem »kleinen Heft«, die verschiedenen Hindernisse des Exils hemmten zunächst die Arbeit an diesem großen Projekt. Erst Anfang der 80er Jahre fällt Schami das »kleine Heft« wieder in die Hände; es entsteht eine erste Fassung des Romans, die er 1986 abschließt. Auf einer Tournee im Herbst 1987 erzählt er einem faszinierten und begeisterten Publikum Ausschnitte der Geschichte.

Doch der Autor ist mit seiner Geschichte, deren Manuskript inzwischen in einer »blauen Mappe« abgelegt ist, noch nicht zufrieden. Er hat den Ehrgeiz, einen großen Liebesroman zu schreiben, stellt aber zugleich an sich den Anspruch, eine gut recherchierte Geschichte über die Entwicklung des syrischen Staates und der syrischen Gesellschaft zu schreiben. Sein Ziel ist es außerdem, die Bedeutung der Sippenstrukturen für die arabische Gesellschaft zu ergründen. Und so legt er sich für die Arbeit an seinem Roman ein Archiv mit Zeugnissen verschiedenster Art an, welche die Historie wie die aktuelle Tagespolitik Syriens dokumentieren. Auf diese Materialsammlung konnte Schami auch bei der Arbeit an *Mit fremden Augen* zurückgreifen. Das Archiv besteht einerseits aus Büchern, darunter Lexika, Standardwerke der arabischen Geschichtsschreibung sowie soziologische und ethnolo-

gische Abhandlungen. Schami beschäftigt sich während
der Arbeit am Roman intensiv mit den historischen Beziehungen zwischen Orient und Okzident und hier insbesondere mit der Geschichte der Kreuzzüge. So enthielt der
Roman in seiner ersten Fassung ausführliche Passagen
zu diesem dunklen Kapitel west-östlicher (Glaubens-)
Auseinandersetzung, die allerdings in der Endfassung
wieder herausgenommen wurden, weil sie den Rahmen
sprengten.

Andererseits beauftragt Schami Freunde, in syrischen
Archiven zu recherchieren, und erweitert so sein eigenes
Archiv um historische Dokumente, wie »Fotokopien alter
Schriften und Fotografien von Menschen, Straßen, Häu-
sern, Kleidern und Orten, Landkarten sowie Stadtplänen
von Damaskus im Wandel der Zeit. Dieser Teil meiner
Bibliothek bekam den Titel: ›Verbotene Liebe‹.« Ein besonders wichtiger und zugleich gefährlicher Bestandteil
von Schamis Archiv war die Sammlung aktueller, häufig
politisch brisanter Dokumente zur syrischen Gesellschaft
der Gegenwart. Zu diesem Zweck lässt sich Schami von
seiner Schwester Marie, von Freunden und ehemaligen
Weggefährten in Damaskus regelmäßig mit Zeitungen
und Aufnahmen von Rundfunkberichten versorgen. Zusätzlich lässt er Berichte und Aufzeichnungen aus dem
Inneren der Gefängnisse und Tonbandaufnahmen mit
Interviews und Berichten von ehemals Inhaftierten der
syrischen Gefängnisse nach Deutschland schmuggeln,
die in die Geschichte des Protagonisten Farid einfließen.

Neben dem Studium der Geschichte und der Tagespolitik der syrischen Gesellschaft beschäftigt sich Schami
während der Arbeit an seinem Roman intensiv mit der
arabischen Literaturgeschichte. Dabei setzt er sich auch
mit dem eigenen Selbstverständnis als deutschsprachiger
Autor aramäischer Abstammung und syrisch-arabischer
Herkunft auseinander. In dieser Zeit entstehen mehrere
Texte über die, wie der Titel eines Artikels lautet, ›Misere
der arabischen Literatur‹. Schami beklagt die Tendenz
der reinen Nachahmung in der modernen arabischen Li-

teratur und fordert eine Rückbesinnung auf die eigenen literarischen Wurzeln. Ihn stört die Orientierung der modernen arabischen Literatur an westlichen Mustern des Erzählens in Thematik und Handlungsaufbau. In diesem Punkt kommt es immer wieder zu Kontroversen mit deutschen Orientalisten und Übersetzern des Arabischen, die – so Schami – »mit missionarischem Glauben an ihren Eurozentrismus« die Tendenz der Nachahmung in der arabischen Literatur unterstützen.

Die Äußerungen Schamis sind dabei nicht, wie von manchem seiner Kritiker dargestellt, als Angriff auf die Menschen und Literaten Arabiens zu verstehen. Schami erhebt sich nicht über Menschen, die in einem menschenverachtenden System gefangen sind und ihre Literatur den Bedingungen der Zensur unterordnen müssen. Er fordert auch niemanden zur offenen Rebellion oder gar zum Gang ins Exil auf, denn er selbst weiß besser als die meisten seiner Kritiker um die Beschwernisse und Entbehrungen, die ein solch schwerwiegender Entschluss mit sich bringt. Vielmehr sind seine Äußerungen als ein Angriff gegen genau diese menschenverachtenden Systeme zu verstehen, gegen die autoritären Regime Arabiens und gegen deren Verantwortliche, die in Arabien ein Klima der Kontrolle und der Angst erzeugen und eine freie Entfaltung der schönen Künste unmöglich machen.

Zu einer viel beachteten öffentlichen Kontroverse, an der sich neben Rafik Schami auch zahlreiche andere arabische Exilautoren beteiligen, kommt es anlässlich der Frankfurter Buchmesse 2004. Erstmalig wurde in diesem Jahr Arabien als literarisches Gastland ausgewählt. Zunächst erschien den arabischen Exilautoren Deutschlands wie anderer europäischer Länder diese Entscheidung als Chance für die arabische Literatur. Doch als bekannt wurde, dass die offiziellen Organisatoren des arabischen Auftritts eng mit der Arabischen Liga zusammenarbeiten, kam es zu heftigen und zum Teil unschönen, weil sehr persönlich und verletzend geführten Auseinandersetzungen zwischen den Exilautoren und den Frankfurter

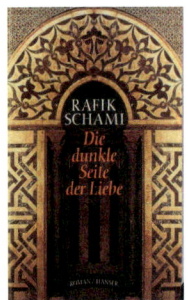

Organisatoren. Die Exilautoren warfen den Organisatoren vor, dass sie in der Zusammenarbeit mit der Arabischen Liga zugleich mit der arabischen Zensur kooperieren; von wenigen prominenten Ausnahmen staatskritischer Autoren abgesehen, deren Ausschluss durch die Zensur ein zu großer Affront gewesen wäre, werde der Auftritt der arabischen Literatur so zu einem reinen Auftritt staatstreuer Literaten der Diktaturen. Viele arabische Exilautoren lehnten daher eine offizielle Einladung der Buchmesse ab. Auch Schami nimmt nicht an den offiziellen Veranstaltungen teil, sondern tritt nur als Autor seiner Verlage Hanser und dtv auf, um den gerade neu herausgekommenen Roman *Die dunkle Seite der Liebe* vorzustellen. Dennoch werden viele Journalisten nach der Frankfurter Buchmesse wegen der starken Präsenz und Prominenz des Autors von einer »Schami-Messe« reden, seine Gegner und Kritiker in hämischem Ton, seine Fans begeistert.

Die dunkle Seite der Liebe wird zum großen Erfolg beim Publikum und erobert bereits wenige Wochen nach dem Erscheinen als erster Roman Schamis die Bestsellerlisten des *Spiegel*, *Stern* und des *Focus*, wo sich das Buch 30 Wochen lang halten kann. Im August 2005, ein Jahr nach dem Erscheinen, ist es etwa 120 000 mal verkauft und verspricht wie schon die früheren Erfolge Schamis ebenfalls zum Longseller zu werden; ein Hörwerk von 21 CDs und 2 MP3 sowie Lizenzen zur Übersetzung in die wichtigsten Weltsprachen folgten. Auch bei den Lesungen, in denen Schami den Roman, wie er es selbst nennt, als »Hörfilm« präsentiert, werden bisherige Rekorde übertroffen. In manchen Städten müssen Zusatzlesungen anberaumt werden, in anderen muss ein Umzug in einen größeren Veranstaltungsort organisiert werden, weil der Andrang von Zuhörern und Fans derart groß ist. In den frühen 80er Jahren hatte Schami mit seinen Lesereisen begonnen, damals sprach er des Öfteren vor einer Handvoll

Zuhörern, ein knappes Vierteljahrhundert später liegt der Rekord der Zuhörerzahlen bei einer Lesung in Tübingen bei etwa 1500 Menschen. Die Frage, welche Art der Lesung befriedigender und schöner war, ist für ihn schwer zu beantworten. »Es sind zwei verschiedene Genüsse, deshalb kann man sie nicht vergleichen. Bei den größten Lesungen ist die Befriedigung über die Fähigkeit, das Publikum bis zum letzten Sitzplatz zu binden, sehr groß. Bei einem kleinen Publikum ist die Chance, mit dem Publikum gelassen zu spielen, sehr groß und die Reaktionen sind sehr spontan und harmonisch, sie befriedigen einen, weil man das Gefühl eines Dirigenten bekommt.«

Neben der begeisterten Aufnahme durch das Publikum wird Schamis Roman zudem im Feuilleton der großen überregionalen Tages- und Wochenzeitungen als sein *opus magnum* gefeiert. In vielen dieser Artikel wird *Die dunkle Seite der Liebe* als »Der neue Schami« oder auch »Der andere Schami« bezeichnet, durchaus eine Huldigung gegenüber der literarischen Qualität des neuen Romans. Schami selbst allerdings wehrt sich gegen das »Gerede« von einem »neuen Schami«; besonders stört ihn die Begeisterung seiner langjährigen Gegner für diesen »neuen Schami«, die fast wider Willen die Qualität des Romans eingestehen. Er trage das Werk schon bis zu 40 Jahre in sich: »Das ist ein merkwürdiger neuer Schami, der seit vierzig Jahren mit mir aufwacht, Espresso trinkt und auch zu später Stunde mit mir ins Bett geht.«

Und dennoch ist dieses Buch etwas Neues: Es führt den politischen Menschen und Essayisten Rafik Schami und den poetischen Schriftsteller Rafik Schami in einer Weise zusammen wie nie zuvor, und Schami schafft damit eine neue Form des modernen Romans, indem er verschiedene Entwicklungslinien zusammenführt und einen orientalischen Teppich aus verschiedenen Gattungen und Erzähltraditionen webt. Schami ist in diesem Roman viel mehr Poet als in den politischen Erzählungen der »Gastarbeiterliteratur«, die noch vielfach verkrampft wirken und deren Qualität oftmals unter der Programmatik leidet. Zugleich ist es dem Leser der *Dunklen Seite der Liebe* unmöglich, die politische Dimension des Textes zu »überlesen«. Die Darstellung der politischen Zustände hat kein märchenhaftes Gewand mehr. Schami legt die Maskerade des Humors ab und präsentiert dem Leser die Fratze der Diktatur; die Missstände der arabischen Welt werden so zum ersten Mal in einem belletristischen Text Schamis nackt, unverhüllt in ihrer Hässlichkeit vor Augen gestellt.

Schon in dem nur in Arabien spielenden Vorgängerroman *Milad* (1997) kündigt sich eine harte, unbestechliche und unversöhnliche Sozial- und Regimekritik an den Machthabern der arabischen Welt an. Dieser Roman ist, wie so viele Texte Schamis, eine Darstellung von Grenzerfahrungen; thematisiert wird das Hereinbrechen von Moderne und westlichen Werten in eine orientalische Welt. Doch hier ist diese Kritik am Orient, an der Diktatur, wie am Okzident, an den Kolonialmächten, noch wie ein modernes orientalisches Märchen erzählt, auch wenn die politische und soziale Kritik nicht zu übersehen ist. *Die dunkle Seite der Liebe* hingegen ist ein realistischer Roman, dem in der Darstellung staatlicher und patriarchaler wie sippenhafter Gewaltausübung jegliche Romantik fehlt. Frühere Texte zeigen eine gewisse Glättung und Harmonisierung des Alltagslebens in der Altstadt von Damaskus und der autobiographischen Rückschau, was zum Teil auch, wie in *Eine Hand voller Sterne*, der Gattung des Jugendromans geschuldet ist. *Die dunkle Seite der Liebe* zerstört nun jegliche adoleszente Utopie. Mit diesem Roman hat sich Schami daher endgültig vom Image des »orientalischen Märchenonkels« und des Kinderbuchautors befreit.

Der Tod der Eltern und der endgültige, nun auch emotionale Bruch mit dem Heimatland bieten Schami Mitte bis Ende der 90er Jahre die Möglichkeit, die eigene Lebensgeschichte zu bearbeiten, sich insbesondere mit dem Vater kritisch auseinanderzusetzen und mit dem gehassten und zugleich geliebten Heimatstaat abzurechnen. Der Roman ist in vieler Hinsicht autobiographisch geprägt; in

51 An dieser
Stelle floh
Paulus über
die Mauer.
Rechts oben
hing der Korb
mit dem ermor-
deten Major

den Text sind reale Begebenheiten des eigenen Lebens
eingeflossen und Schami verarbeitet Erfahrungen der
Angst, der Bedrohung und der Trauer. Dennoch wäre es
falsch, die Romanfigur Farid Muschtak mit dem Autor
Rafik Schami vollständig gleichzusetzen.

Neben vielen kleineren Einzelheiten und Episoden sind
es in erster Linie drei bestimmende Erfahrungen und
Empfindungen, die Schami in diesem Roman verarbeitet:
zunächst das Verhältnis zu seinen Eltern, also die proble-
matische Beziehung zu einem strengen, patriachalisch geprägten Vater, den er respektieren, aber nicht lieben
kann, und die Liebe zu seiner Mutter, der er in diesem
Roman, wie schon in so vielen anderen seiner Texte, ein
Denkmal setzt. Dann die Erfahrung der Vertreibung aus
dem Heimatland und die schmerzliche Zurückweisung
des in der westlichen Welt so erfolgreichen Werks durch
den eigenen Staat. Schami fasst diese Zurückweisung in
die Formel »alle Propheten sind Verräter« und beschreibt
damit die historische Konstante, dass diejenigen, die un-
bequeme Wahrheiten aussprechen, in autoritär geprägten
Gesellschaften stets verfolgt werden. Bulos, der in *Die
dunkle Seite der Liebe* als Verräter getötet wird, ist eine Ju-
dasfigur und steht für die Verformung der Menschen
durch Kolonisierung und Diktatur. Und schließlich als eine dritte dominierende Erfahrung von Schamis Leben der

52 Bei einer Lesung in Rüssels-
heim 2005

Clash of civilizations, das Aufeinandertreffen orientalischer und okzidentaler Werte. Es sind die Erfahrungen
eines Mannes, der wie so viele Exilanten von sich sagen
kann: »Zwei Seelen wohnen ach in meiner Brust«, die
Prägung durch Werte einer orientalischen, archaischen
Welt der Sippe und die Faszination durch die abendlän-
dische, aufgeklärte Idee des Individuums. Im Roman ist
dieser Clash der Kulturen in der Figur des Farid und in
der Liebesgeschichte zweier junger Menschen gestaltet,
die sich über die Regeln der Sippe hinwegsetzen. Die Befreiung ist am Ende nur durch die Flucht nach Europa
möglich. Letztlich handelt es sich jedoch um ein utopi-
sches Ende, denn es ist die Flucht zweier im Kern bereits
zerstörter oder zumindest schwer geschädigter Menschen. Doch obwohl die rettende Flucht für die beiden
Liebenden eigentlich zu spät kommt, wird in ihr die
Hoffnung gestaltet, die Gesellschaft könne den Stillstand
überwinden, den die über die Jahrhunderte gewachsenen
und festgefügten Strukturen herbeigeführt haben. Insofern ist eine Verengung auf eine rein romantische Romeo-
und-Julia-Geschichte in orientalischem Gewand mit diesmal glücklichem Ausgang, wie in mancher Rezension

geschehen, problematisch, wenn nicht gar falsch, da sie den politischen Gehalt des Textes außer Acht lässt.

Für Rafik Schami war die Schulung in europäisch-aufgeklärtem Denken eine Bereicherung; schon in seinen früheren Romanen und insbesondere in seinen politischen Essays hatte ihm diese Philosophie ein Instrumentarium der Kritik und Urteilskraft an die Hand gegeben, mit dem er die vormodernen, sippenhaften und in den letzten fünfzig Jahren zudem diktatorisch geführten Gesellschaften Arabiens durchleuchten konnte. In *Die dunkle Seite der Liebe* geht dieses nüchterne analytische Denken der aufgeklärten Moderne eine harmonische Verbindung mit dem traditionellen orientalischen Erzählen ein. Schami führt das Wort Text, das etymologisch von lateinisch *textare* (= weben) abstammt, auf seine Grundbedeutung zurück: Dem Weber eines orientalischen Teppichs vergleichbar webt er mit Worten eine Struktur, in der aus der Zusammenfügung eigenständiger Bilder ein in sich geschlossenes großes Gemälde entsteht. Die orientalische Form des Erzählens, die auch von der Abschweifung, der Arabeske und der Ornamentik lebt, bietet Schami so die Möglichkeit, etwas Neues zu schaffen. Die Problematik modernen Erzählens ist unter anderem darin begründet, dass das Vertrauen in den realistischen Roman als einer Mimesis der Wirklichkeit nicht mehr ohne weiteres vorhanden ist. Die verschlungene orientalische Erzählweise, bei der sich der Leser im Fantasieraum des Erzählten verlieren kann, bietet dafür eine adäquate Form.

Rafik Schami ist es gelungen, einen orientalisch-okzidentalen Roman zu schreiben, der Züge des Entwicklungs- und des Gesellschaftsromans mit dem Erzählen der Scheherazade verbindet. Wie viele Exilautoren unterschiedlicher Herkunft verwahrt sich Schami gegen Eurozentrismus in der Beurteilung seiner Literatur. Der Vergleich wird dann problematisch, wenn er als ein genuin deutscher Schriftsteller angesehen und folglich seine Literatur nur nach Maßgabe der europäischen Literaturgeschichte beurteilt wird. (Entsprechendes gilt auch für die

Vereinnahmung von arabischer Seite.) Der Vergleich mit europäischer oder westlicher Literatur ist jedoch vertretbar, wenn Rafik Schami als ein deutschsprachiger Schriftsteller arabischer Herkunft akzeptiert und wenn zugleich anerkannt wird, dass seine Literatur von den verschiedensten kulturell unterschiedlichen Traditionen beeinflusst ist. Rafik Schami hat in seinen Romanen – und *Die dunkle Seite der Liebe* ist sicherlich der bisherige Höhepunkt seiner literarischen Entwicklung – eine neue Form des Erzählens geschaffen, die aus der Verschmelzung beider Kulturen und Literaturen wie auch aus seiner Randposition als Exilant heraus entstanden ist. Sein Werk ist somit ein Ausdruck »kultureller Verschmelzung«, der Schaffung eines Dritten, genuin Neuen aus den Elementen des Eigenen und des Fremden.

In seiner schonungslosen Darstellung von Gewalt und seiner sexuellen Offenheit mag der Roman auch manchen Fan des »Märchenerzählers« Schami überrascht und befremdet haben; und manch einer, der in seinen Büchern bisher nur eine märchenhafte Darstellung der Schönheit des Orients gesehen hat, mag sich enttäuscht von »seinem« Autor abgewandt haben. Das Bild von Erotik und Sexualität im Orient ist im Westen geprägt vom Klischee der verschleierten und eingesperrten Frau einerseits und der gerade auch von Hollywood exotistisch verfälschten Vorstellungen des Harems andererseits. *Die dunkle Seite der Liebe* zeichnet ein anderes Bild und erinnert eher an die Sinnlichkeit der *Märchen aus 1001 Nacht*. Der unverkrampft freie Umgang mit Erotik und Sexualität, die Beschreibung sexueller Gewalt und die Darstellung sinnlicher Erotik sind nicht gewollter Tabubruch, sondern poetische Literatur im Stil der Scheherazade.

Dennoch ist *Die dunkle Seite der Liebe* ein Werk, an dem sich der Leser in mehr als einer Hinsicht abarbeiten muss; es geht unter die Haut, bewegt und lässt immer wieder (mit)leiden, freudig wie traurig und ängstlich. Insgesamt hat Rafik Schami durch sein *opus magnum* zahlreiche Freunde und Bewunderer hinzugewonnen.

Ein Autor generationenübergreifender Literatur

»Wie es dazu kam, ist eine kleine Geschichte.«

Das Leben des Rafik Schami teilt sich in zwei klar voneinander getrennte Lebensabschnitte. Kindheit und Jugend verbringt er im Damaskus der 50er und 60er Jahre. Diese ersten 25 Jahre seines Lebens sind zunächst geprägt vom Zusammenhalt der achtköpfigen Familie, von der Liebe zur Mutter, Hanne Joakim, und dem Respekt vor dem Vater, Ibrahim Fadél, mit dem ihn ein spannungsreiches Verhältnis verbindet. Je älter der kleine Suheil Fadél wird, umso wichtiger werden für ihn das Spiel und der Austausch mit Gleichaltrigen in »seiner Gasse« im christlichen Viertel der Altstadt von Damaskus. So spielt sich das Leben des Jungen hauptsächlich im Freien ab, in den Ferien werden die kindlichen Spiele im Heimatdorf seiner Eltern, Malula, fortgesetzt. In den letzten Jahren, die Rafik Schami in seinem Heimatland Syrien verbringt, ist sein Leben zunehmend das Dasein eines politisch engagierten und literarisch interessierten jungen Mannes, der unter den Zwängen der Diktatur leidet. Die Flucht am 14. Dezember 1970 ist die einzig mögliche Konsequenz, zugleich markiert sie den entscheidenden Bruch in Schamis Leben.

Die Flucht führt ihn nach Deutschland, in die Universitätsstadt Heidelberg, wo er sein in Damaskus begonnenes Studium wie auch seine politischen Aktivitäten, diesmal in freier Atmosphäre, fortsetzen kann. Zugleich eröffnet ihm die Flucht die Möglichkeit, seine literarischen Ambitionen frei und ohne Angst vor der Zensur ausleben zu können.

Der Zuzug von immer mehr Menschen aus verschiedenen Ländern, die mit unterschiedlichen kulturellen Prägungen nach Deutschland kamen und kommen, hat in den letzten Jahren immer wieder die Frage nach einer richtigen Form der Integration hier lebender Ausländer

aufgeworfen, die »Leitkultur«-Diskussion Anfang des
21. Jahrhunderts ist nur ein Ausdruck der Ratlosigkeit,
auch der Politiker, im Umgang mit den hier lebenden
Fremden. Migrantenliteraten wie Rafik Schami leisten einen wichtigen Beitrag zu dieser Diskussion, indem sie in
ihrer Literatur die Deutschen über ihre Heimatländer
aufklären, indem sie die Deutschen auf die Probleme der
Fremden im anderen Land aufmerksam machen und indem sie – schließlich und vor allem – die deutsche Kultur
mit ihrer Literatur fremdländischer Prägung bereichern.

Zugleich kann Leben wie Werk Rafik Schamis als Beispiel einer gelungenen Integration ins zunächst fremde
Land verstanden werden, als eine Integration, die von
der Bereicherung durch das Andere lebt und so nie Züge
bloßer Assimilation getragen hat: Schami ist es gelungen,
sich ohne Verbiegung, d. h. ohne die Aufgabe der eigenen
Identität, in die deutsche Gesellschaft zu integrieren,
auch dank oder gerade wegen seiner Literatur. Sein Leben und Werk ist damit Beispiel für das ethno-soziologi-
sche Phänomen der kulturellen Verschmelzung, das Entstehen einer neuen Identität aus der Zusammensetzung
alter Prägungen des Heimatlandes mit neuen fremdkul-
turellen Eindrücken. In den nun 35 Jahren seines Aufenthalts in Deutschland, durch Studium, Beruf, Heirat und
Geburt des Sohnes, hat sich aus dem Araber christlich-
aramäischer Abstammung der deutsche Syrer oder aber
der syrische Deutsche Rafik Schami entwickelt. Dieser
Wandel der Identität findet durchaus auch seinen Niederschlag im Werk des Rafik Schami: Das Verschmelzen
der orientalischen und der okzidentalen Kultur in der
Seele des Menschen überträgt sich in einem langsamen
Prozess auf die Feder des Autors; Mitte der 90er Jahre
gibt er mit *Reise zwischen Nacht und Morgen* die Trennung
von orientalischen Märchen und Gastarbeiterliteratur und
damit die Trennung von Orient und Okzident in der Literatur auf. Ist die Gastarbeiterliteratur noch wesentlich bestimmt von den Problemen des Lebens als Anderer in einem fremden Land, so ändert sich dies zusehends und

Rafik Schami nimmt die Rolle eines Vermittlers zwischen den Kulturen ein, die bestimmt ist von gegenseitigem Respekt vor der Andersartigkeit und der Herausarbeitung der Gemeinsamkeiten im allgemein Menschlichen; ein Höhepunkt dieser literarischen Entwicklung ist sicherlich die poetische Auseinandersetzung mit Goethe in *Der geheime Bericht über den Dichter Goethe*.

Rafik Schami hat so eine neue orientalisch-okzidentale Literatur geschaffen, die ihren literarischen Höhepunkt in *Die dunkle Seite der Liebe* findet. Hier wurde es Schami nach mehr als dreißig Jahren im Exil möglich, auch die dunklen Seiten seiner eigenen Biographie zu bearbeiten. Zugleich ist der Roman eine Abrechnung mit den Missständen im Orient; die politischen und gesellschaftlichen Verhältnisse in Syrien werden so schonungslos darstellt wie nie zuvor in seinem literarischen Werk. Auch dies ist ein Zeichen dafür, dass Schami nach einem wechselvollen Leben mit Sonnen- und Schattenseiten in Deutschland eine zweite Heimat der Liebe und Geborgenheit gefunden hat. Die Sehnsucht nach den Orten der Kindheit, die für ihn treffend mit der Formel von Astrid Lindgren »Kindheit: Das entschwundene Land« umschrieben werden kann, wird gemildert durch die Geborgenheit in seiner Familie, die ihm eine neue private Heimat gegeben hat, und durch die »Großfamilie« der stetig wachsenden Fangemeinde, die gleichfalls dazu beigetragen hat, dass Deutschland zur zweiten Heimat werden konnte.

Mit seiner Literatur hat sich Rafik Schami selbst eine neue Heimat geschaffen, und er hat einem Lesepublikum, das keine Generationsgrenzen kennt, den Blick auf neue Welten eröffnet.

Zeittafel

1946 23. Juni 1946 Geburt
in Damaskus
Frühsommer 1946
Flucht der Eltern von
Damaskus ins christ-
liche Bergdorf Malula
(Angst vor der Ver-
folgung durch die bis
dato unterdrückten
Moslems)
Herbst 1946 Rückkehr
1953 Einschulung
1956–1959 Erziehung im
Kloster des *Ordens des
Erlösers* im Libanon
1963 Beitritt in die KP Syriens
1964 Gründung und Leitung
der Jugendzeitschrift
al Scharara (Der Funke)
Verbot der Zeitung
durch das ZK der
syrischen KP
1965 Abitur
Schami nimmt das
Studium der Natur-
wissenschaften an
der Universität von
Damaskus auf
1966 Gründung und Leitung
der Wandzeitung
al Muntalak
1969 Verbot der Wandzei-
tung *al Muntalak* durch
den Geheimdienst

1970 Abschluss des Studiums
14. Dezember 1970
Flucht aus Syrien in
den Libanon
1971 18. März 1971 Flug von
Beirut (nach dreimona-
tigem Aufenthalt) nach
Ost-Berlin
19. März 1971 Flug
nach Westdeutschland
1972 Schami nimmt das
Studium der Chemie
an der Universität
Heidelberg auf
1973 Einzug ins Collegium
Academicum
1974 Schami lernt seine spätere erste Ehefrau kennen
1975 erster Besuch von
Schamis Eltern
1976 Abschluss des Studiums
(Diplom)
1976–1979 Promotion und
Arbeit als Assistent
Libanon am Wendepunkt
(Hg. und Mit-Autor)
Austritt aus der KP
Syriens
1977 ausgedehnte Reise nach
Frankreich, Spanien
und Portugal
1978 *Andere Märchen*
1979 Promotion im Fach
Chemie

Hochzeit mit Bettina Malmberg

1980 Zusammen mit Franco Biondi (Italien), Jusuf Naoum (Libanon) und Suleman Taufiq (Syrien) gründet Rafik Schami die Literaturgruppe ›Südwind‹
1980–1985 Rafik Schami ist Mitherausgeber der Reihe »Südwindgastarbeiterdeutsch« (ab 1983: »Südwind-Literatur«), umfasst heute 13 Bände
1980–82: Arbeit als Pharmareferent bei einem großen Pharmakonzern

1981 Zusammen mit anderen ausländischen Kolleginnen und Kollegen gründet Rafik Schami den polynationalen Literatur- und Kunstverein »PoLiKunst«

1982 ab 1982 Leben als freier Schriftsteller
Das Schaf im Wolfspelz. Märchen & Fabeln

1983 *Luki. Die Abenteuer eines kleinen Vogels*
Mitorganisation des ersten palästinensisch-israelischen Treffens in Arnoldshain bei Frankfurt a. M.

1984 *Das letzte Wort der Wanderratte. Märchen, Fabeln*

und phantastische Geschichten

1985 Scheidung von Bettina Malmberg
Rafik Schami tritt aus der Literaturgruppe »Südwind« und dem Kunstverein »PoLi-Kunst« aus
Der Fliegenmelker und andere Erzählungen aus Damaskus
Der erste Ritt durchs Nadelöhr. Noch mehr Märchen, Fabeln und phantastische Geschichten
Weshalb darf Babs wieder lachen?

1986 *Bobo und Susu*

1987 *Eine Hand voller Sterne*
Malula. Märchen und Märchenhaftes aus meinem Dorf

1988 *Die Sehnsucht fährt schwarz. Geschichten aus der Fremde*

1989 *Erzähler der Nacht*
Der Löwe Benilo

1990 *Der Wunderkasten*

1991 *Der fliegende Baum*
Vom Zauber der Zunge. Reden gegen das Verstummen
Einbürgerung

1992 Geburt des Sohnes Emil
Hochzeit mit Root Leeb
Der ehrliche Lügner. Roman von 1001 Lüge

1993 *Murmeln meiner Kindheit.* Hörbuch

1994 *Das ist kein Papagei!*
Der brennende Eisberg
Zeiten des Erzählens

1995 *Reise zwischen Nacht und*
Morgen
Der Schnabelsteher

1996 *Fatima und der Traumdieb*
Loblied und andere
Olivenkerne

1997 *Milad. Von einem der*
auszog, um einundzwan-
zig Tage satt zu werden
Der erste Kuß nach drei
Jahren. Ergänzte Auswahl
aus ›Die Sehnsucht fährt
schwarz‹
Gesammelte Olivenkerne.
Aus dem Tagebuch der
Fremde

1998 *Damals dort und heute hier*

1999 *Der geheime Bericht über*
den Dichter Goethe, der
eine Prüfung auf einer
arabischen Insel bestand.
Zusammen mit Uwe-
Michael Gutzschhahn
Sieben Doppelgänger
Albin und Lila
Wie kam die Axt in den
Rücken des Zimmer-
manns? Mörderische
Geschichten über Hand-
werker und andere Dienst-
leister. Angestiftet von
Rafik Schami. (Hg.)

2000 Dozentur als literarischer
Gast am Collegium Hel-
viticum der ETH Zürich
Symposium zum Thema
Angst im eigenen Land
Die Sehnsucht der Schwalbe

2001 *Angst im eigenen Land.*
Israelische und palästi-
nensische Schriftsteller
im Gespräch. (Hg.)

2002 *Mit fremden Augen*
Marie Fadél: Damaskus.
Der Geschmack einer
Stadt. Aufgezeichnet
von Rafik Schami
Die Farbe der Worte.
Bilder und Geschichten

2003 *Wie ich Papa die Angst*
vor Fremden nahm.

2004 *Die dunkle Seite der Liebe*

2005 Tournee in 100 Orten zu
Die dunkle Seite der Liebe
Januar: Verkauf des
1 000 000sten Exemplars
von Rafik Schamis
Büchern bei <u>dtv</u>
Das Hörwerk *Die dunkle*
Seite der Liebe. 21 CDs
und 2 Mp 3

2006 *Damaskus im Herzen,*
Der Kameltreiber von
Heidelberg

Werkverzeichnis

Erzählungen und Märchen

Der erste Ritt durchs Nadelöhr.
Noch mehr Märchen, Fabeln und
phantastische Geschichten. Mit
Illustrationen von Erika Rapp.
Kiel (Neuer Malik Verlag)
1985.

Der fliegende Baum. Die schönsten
Märchen, Fabeln und phantas-
tischen Geschichten. Illustriert
von Root Leeb. Kiel (Neuer
Malik Verlag) 1991.

Der Fliegenmelker und andere
Erzählungen aus Damaskus.
Berlin (Das arabische Buch)
1985.

Die Farbe der Worte. Bilder und
Geschichten. Zusammen mit
Root Leeb. Cadolzburg (ars
vivendi) 2002.

Malula. Märchen und Märchen-
haftes aus meinem Dorf. Kiel
(Neuer Malik Verlag) 1987.

Schulgeschichten. Hg. v. d. Deutsch-
lehrern am Gymnasium.
Polling (ESTA-Druck) 1995.
(= Weilheimer Hefte zur
Literatur. 41)

Zeiten des Erzählens. Mit neuen
zauberhaften Geschichten.
Freiburg (Herder) 1994.
(= Herder spektrum)

Gastarbeiterliteratur

Das letzte Wort der Wanderratte.
Märchen, Fabeln und phanta-
stische Geschichten. Illustriert
von Erika Rapp. Kiel (Neuer
Malik Verlag) 1984.

Das Schaf im Wolfspelz. Märchen
& Fabeln. Mit Zeichnungen
von Barbara Rieder.
Dortmund (Pädagogische
Arbeitsstelle).

Neuausgabe: Neuer Malik
Verlag 1982.

Der erste Kuß nach drei Jahren.
Ergänzte Auswahl aus ›Die
Sehnsucht fährt schwarz‹.
München (dtv) 1997.

Die Sehnsucht fährt schwarz.
Geschichten aus der Fremde.
München (dtv) 1988.

Satiren

Gesammelte Olivenkerne. Aus
dem Tagebuch der Fremde.
Mit Illustrationen von Root
Leeb. München, Wien
(Hanser) 1997.

Loblied und andere Olivenkerne.
Mit Zeichnungen von Root
Leeb. München, Wien
(Hanser) 1996.

Herausgegebenes

13 Bände der Reihe Südwind-Gastarbeiterdeutsch, später Südwind-Literatur. Heraus-gegeben zusammen mit anderen. (1980–1985).

Wie kam die Axt in den Rücken des Zimmermanns? Mörderische Geschichten über Handwerker und andere Dienstleister. Angestiftet von Rafik Schami. Zürich (Sanssouci) 1999.

Romane

Der ehrliche Lügner. Roman von tausendundeiner Lüge. Weinheim, Basel (Beltz Verlag) 1992.

Der geheime Bericht über den Dichter Goethe, der eine Prüfung auf einer arabischen Insel bestand. Zusammen mit Uwe-Michael Gutzschhahn. München, Wien (Hanser) 1999.

Die dunkle Seite der Liebe. München, Wien (Hanser) 2004.

Die Sehnsucht der Schwalbe. München, Wien (Hanser) 2003.

Erzähler der Nacht. Weinheim, Basel (Beltz & Gelberg) 1989.

Milad. Von einem der auszog, um einundzwanzig Tage satt zu werden. München, Wien (Hanser) 1997.

Reise zwischen Nacht und Morgen. München, Wien (Hanser) 1995.

Sieben Doppelgänger. München, Wien (Hanser) 1999.

Kinder- und Jugendliteratur

Eine Hand voller Sterne. Roman. Weinheim, Basel (Beltz & Gelberg) 1987.

Luki. Die Abenteuer eines kleinen Vogels. Illustriert von Theo Scheling. Göttingen (W. Fischer) 1983.

Weshalb darf Babs wieder lachen? Illustriert von Erika Rapp. Göttingen (W. Fischer) 1985.

Bilderbücher

Albin und Lila. Zusammen mit Els Cools und Oliver Streich. Gossau, Zürich (Nord-Süd Verlag) 1999. (= Edition Jürgen Lassig)

Bobo und Susu. Illustriert von Erika Rapp. Wien (Jungbrunnen) 1986.

Das ist kein Papagei! Zusammen mit Wolf Erlbruch. München, Wien (Hanser) 1994.

Der Kameltreiber von Heidelberg. Geschichten für Kinder jeden Alters. Bilder von Henrike Wilson. München, Wien (Hanser) 2006.

Der Löwe Benilo. Text von Rafik Schami. Illustrationen von

Erika Rapp. Wien, München (Jungbrunnen) 1989.

Der Schnabelsteher. Zusammen mit Els Cools und Oliver Streich. Gossau, Zürich (Nord-Süd Verlag) 1995.

Der Wunderkasten. Bilder von Peter Knorr. Weinheim, Basel (Beltz & Gelberg) 1990.

Fatima und der Traumdieb. Zusammen mit Els Cools und Oliver Streich. Gossau, Zürich (Nord-Süd Verlag) 1996.

Wie ich Papa die Angst vor Fremden nahm. Zusammen mit Ole Könnecke. Müchen, Wien (Hanser) 2003.

Politische Bücher und Essaysammlungen

Angst im eigenen Land. Israelische und palästinensische Schriftsteller im Gespräch. Hg. v. Rafik Schami. Übersetzungen aus dem Englischen von Friedrich Griese. Zürich (Nagel und Kimche) 2001.

Damals dort und heute hier. Über Fremdsein. Zusammen mit Erich Joost. Freiburg (Herder) 1998.

Damaskus im Herzen und Deutschland im Blick Beobachtungen eines syrischen Deutschen München, Wien (Hanser) 2006

Der brennende Eisberg. Eine Rede, ihre Geschichte und noch mehr.

Frauenfeld (Im Waldgut) 1994.

Libanon am Wendepunkt (Hg. u. Mitautor). Stuttgart (ESG) 1976.

Mit fremden Augen. Heidelberg (Palmyra) 2002.

Vom Zauber der Zunge. Reden gegen das Verstummen. Frauenfeld (Im Waldgut) 1991.

Essays und Vorträge

Damaskus, die verbotene Stadt oder die Gassen der Sehnsucht. Erschien unter dem Titel: *Damaskus, die verbotene Heimat, ein Meer von Geschichten*, ZEIT-Magazin Nr. 40 (1992), S. 86.

Das Lachen der Außenseiter. Bemerkungen zu unserer Satire. In: Lachen aus dem Ghetto. PoLiKunst-Jahrbuch 3 (1985), S. 53–58. Und in: *Lachen aus dem Ghetto.* Hg. v. Polynationalen Literatur- und Kunstverein. Katzelnbogen (mandala) 1985, S. 12–19.

Dem Morgen begegnen, heißt Hoffnung haben. Gehalten als Rede auf dem 9. Bundeskongress für politische Bildung Braunschweig 6.–8. März 2003.

Ein großer Ausschnitt erschien unter dem Titel: *Ein arabisches Dilemma* in der Beilage zur Wochenzeitung Das Parlament, 8. Sept. 2003, S. 3

Die Wunderpille ist Zuhören.
Sonderdruck Event 99,
WEG, Hg. v. Rosmarie
Meier, Schweizerisches
Rotkreuz (Aarau) 1999.
Auch in: Wochenzeitung,
Zürich, Nr. 47, November
1999, S. 20.

Ein Gastarbeiter ist ein Türke.
Zusammen mit Franco Biondi.
In: Kürbiskern (1983), H. 1,
S. 94–106.

*Eine Hand kann allein nicht
klatschen.* Gehalten als Rede
vor der Bayrischen Akade-
mie der schönen Künste
September 2004.
Ausschnitte veröffentlicht im
Tagesspiegel unter dem Titel
Ihre Stunde wird kommen,
Tagesspiegel, Berlin, 6. Okto-
ber 2004, S. 27

*Eine Literatur zwischen Minder-
heit und Mehrheit.* In: Ackermann, Irmgard; Weinrich,
Harald (Hg.): *Eine nicht nur
deutsche Literatur.* Zur Stan-
dortbestimmung der Aus-
länderliteratur. München
(Piper) 1986. S. 55–58.

Exilgespräche.
Gehalten als Antrittsvorle-
sung zur Gastdozentur am
Collegium Helveticum, ETH,
Zürich 2000.

Gastfreundschaft. Erscheint
erstmalig im Sammelband
Damaskus im Herzen.

Goethe und Tröte. Wochenzeitung, Zürich, Nr. 43,

Oktober 1998, S. 26. Auch in:
Die Gazette, München, Nr. 15
u. 16, Mai–Juni/Juli, 1999.

*Hürdenlauf. oder Von den un-
glaublichen Abenteuern, die einer erlebt, der seine Geschichte
zu Ende erleben will. Rede in
der Johann Wolfgang Goethe-
Universität, Frankfurt am
28. Juni 1996.* Frankfurt a. M.
1996. (= Jahresgabe Freundeskreis des Instituts für
Jugendbuchforschung der
Johann Wolfgang Goethe-
Universität Frankfurt a. M.
1996)

Ihre Stunde wird kommen.
Tagesspiegel, 6. Oktober
2004.

Kaffee. Erscheint erstmalig im
Sammelband *Damaskus im
Herzen.*

Keep-smiling des Humanismus.
Zusammen mit Franco Biondi.
Linkskurve, Dortmund,
Nr. 4, 1983. S. 41.

*Krise in Syrien, eine Artikelserie
in drei Folgen,* TAZ, 1980:
Kein Brot und keine Freiheit,
17. 03. 1980,
*Reif für den islamischen
Sturm?,* 24. 03. 1980
*Die Korruption kennt keine
Grenzen,* 03. 04. 80.
(unter dem Pseudonym
Samir Talli)

*Literatur der Betroffenheit.
Bemerkungen zur Gastarbeiter-
literatur.* Zusammen mit
Franco Biondi. In: Schaffer-

nicht, Christian (Hg.):
*Zu Hause in der Fremde. Ein
bundesdeutsches Ausländer-
Lesebuch.* Fischerhude
(Atelier im Bauernhaus)
1981. S. 124–136.

Syrien. In: *Nahost, Stimmen der
Opposition.* Alektor Verlag,
Stuttgart, 1978, S. 13–38.

Über Missverständnisse. Erschien
unter dem Titel: *Wüste im
Herzen*, Frankfurter Rund-
schau, 24./25. Dez. 2004. S. 27

Von der Flucht eines Propheten.
Als Rede gehalten im Goethe-
haus, zu dessen Geburtstags-
fest in Weimar 1999.

*Was ich von Scheherazade gelernt
habe.* Erschien unter dem
Titel: *Kindheitslektüre*,
Banipal, Magazine of
Modern Arab Literature,
13. Jg. (2005), S. 144.

*Wer zwischen den Stühlen sitzt
verteidigt keinen. Ein Brief an
Adelbert von Chamisso.*
Vorwort zu: Robert
Fischer: *Adelbert von
Chamisso.* Berlin (Erika
Klopp Verlag) 1990.

Sonstige Bücher

Fadel, Marie: *Damaskus. Der
Geschmack einer Stadt.* Aufge-
zeichnet von Rafik Schami.
Zürich (Sanssouci) 2002.

Hörspiele

Der Kameltreiber von Heidelberg.
RIAS Berlin. 1986.

Zu Gast bei Harry Heine. Süd-
deutscher Rundfunk. 1997.
(Textvorlage erscheint in
Damaskus im Herzen)

Hörbücher

Das Schaf im Wolfspelz. München (Terzio) 2005.

Der Kameltreiber von Heidelberg.
Ein Hörspiel und die Ge-
schichten *Der Schmetterling*
und *Bobo und
Susu.* Dortmund (pläne)
1986. (= MC 8503)

*Der Schnabelsteher und der flie-
gende Baum.* Mit Duo Piano-
worte. München (Random
House) 2005.

Der Wunderkasten. Tonband-
kassette. Weinheim,
Basel (Beltz & Gelberg) 1990.

Die dunkle Seite der Liebe.
21 CDs. u. 2 MP 3.
Schwäbisch Hall
(Steinbach sprechende
Bücher) 2005.

*Die Farbe der Worte. Kalenderge-
schichten.* Erzählt von Rafik
Schami. 2 CDs. München
(der Hörverlag) 2000.

Erzähler der Nacht. 3 CDs bzw.
3 Tonbandkassetten. Frankfurt a. M. (Network) 1996.

*Malula & Der Fuchs als
Vegetarier.* Frankfurt a. M.
(Network) 1989.

Märchen aus Malula. 2 CDs. Schwäbisch Hall (Steinbach sprechende Bücher) 2005.
Murmeln meiner Kindheit. 3 CDs bzw. 3 Tonband-kassetten. Frankfurt a. M. (Network) 1995.
Verrückt zu sein ist gar nicht einfach. Frankfurt a. M. (Network) 1987.

Theaterstücke

Als die Puppen aus der Reihe tanzten. Uraufführung: Keller-Theater im Unterholz, München, 4.12.1987. Regie: Ghasan Naasan.

Auswahlbibliografie

Aifan, Uta; Tebbutt, Susan: Staging Exoticism and Demystifying the Exotic. German-Arab Grenzgänger-literatur. Aus: Williams, Arthur; Parkes, Stuart; Preece, Julian (Hg.): German-Language Literature Today. International and Popular? Oxford (Peter Lang) 2000. S. 237–253.

Bavar, Amir Mansour: Aspects of the German Speaking Migration Literature. The Depiction of the Natives in the Works of Alev Tekinay and Rafik Schami. o. O. 2000. Dissertation New York University. Übersetzung:

Bavar, Amir Mansour: Aspekte der deutschsprachigen Migrationsliteratur. Die Darstellung der Einheimischen bei Alev Tekinay und Rafik Schami. München (Iudicium) 2004.

Cobbs, Alfred L.: ›The Magic Lamp‹. In: Marvels and Tales, 16. Jg. (2002), H. 1, S. 84–99.

Deeken, Annette: Der listige Hakawati. Über den orientalischen Märchenerzähler Rafik Schami. In: Deutschunterricht, 48. Jg. (1995), H. 7/8, S. 363–370.

Doornkaat, Hans Ten: »Rafik Schamis Fabulierkunst als Überlebenselixier«. In: Irmgard Ackermann (Hg.): Fremde Augenblicke. Mehrkulturelle Literatur in Deutschland. Bonn (Inter Nationes) 1996. S. 71–73.

Ewers, Hans-Heino: Ein orientalischer Märchenerzähler, ein moderner Schriftsteller? Überlegungen zur Autorschaft Rafik Schamis. Aus: Nassen, Ulrich; Weinkauff, Gina (Hg.): Konfiguration des Fremden in der Kinder- und Jugendliteratur nach 1945. München (Iudicum) 2000. S. 155–167.

Foraci, Franco: ›Das Wort ist die letzte Freiheit, über die wir verfügen‹. Gespräch mit dem syrischen Erzähler und Literaten Rafik Schami. In: Diskussion Deutsch, 26. Jg. (1995), H. 143, S. 190–195.

Grünewald, Dietrich: Kongruenz von Wort und Bild. Rafik Schami und Peter Knorr, ›Der Wunderkasten‹. Aus: Thiele, Jens (Hg.): Neue Erzählformen im Bilderbuch. o. O. 1991. S. 17–49.

Kasten, Ulla: Rafik Schami. Damascene Storyteller. In: Banipal. Magazine of Modern Arab Literature, 8. Jg. (2000), S. 45.

Kasten, Ulla: Rafik Schami. Two Short Stories. In: Banipal. Magazine of Modern Arab Literature, 14. Jg. (2002), S. 66–70.

Khalil, Iman Osman: Rafik Schami's Fantasy and Fairy Tales. In: International Fiction Review, 17. Jg. (1990), H. 2, S. 121–123.

Khalil, Iman Osman: Zum Konzept der Multikulturalität im Werk Rafik Schamis. In: Monatshefte für deutsch-sprachige Literatur und Kultur, 86. Jg. (1994), H. 2, S. 201–217.

Khalil, Iman Osman: Narrative Strategies as Cultural Vehicles. On Rafik Schami's Novel ›Erzähler der Nacht‹. Aus: Blackshire-Belay, Carol Aisha (Hg.): The German Mosaic. Cultural and Linguitic Diversity in Society. Westport, CT (Greenwood) 1994. S. 217–224.

Khalil, Iman Osman: From the Margins to the Center. Arab-German Authors ans Issues. Aus: Lorenz, Dagmar C. G.; Posthofen, Renate (Hg.): Transforming the Center, Eroding the Margins. Essays on Ethnic and Cultural Boundaries in German-Speaking Countries. Columbia, SC (Camden House) 1998. S. 227–237.

Khalil, Iman Osman: »Zweisprachigkeit als Instrument im Dialog der Kulturen«. In: Proceedings of the XIXth Triennial Congress of the International Federation for Modern Languages and Literatures. Brasilia (University of Brasilia) 1996. S. 1001–1006.

Kinerney, Donna: The Stories of Rafik Schami as Reflections of his Psychopolitical Program. Aus: Blackshire-Belay, Carol Aisha (Hg.):

The German Mosaic. Cultural and Lingusitic Diversity in Society. Westport, CT (Greenwood) 1994. S. 225–239.

Rösch, Heidi: »Migrationsliteratur im interkulturellen Kontext. Eine didaktische Studie zur Literatur von Aras Ören, Aysel Özakin, Franco Biondi und Rafik Schami«. Frankfurt/M. (Verlag für Interkulturelle Kommunikation) 1992. (= Interdisziplinäre Studien zum Verhältnis von Migrationen, Ethnizität und gesellschaftlicher Multikulturalität 5).

Reimann, Patricia: Erzähler, Zauberer. Rafik Schami. In: Börsenblatt für den deutschen Buchhandel, Nr. 24 vom 26.03.1999.

Saalfeld, Lerke von: »Ich habe eine fremde Sprache gewählt. Ausländische Schriftsteller schreiben deutsch«. Gerlingen (Bleicher) 1998. S. 29–56. (Zu: »Ehrlicher Lügner«).

Schyrer, Susan M.: In Search of Rafik Schami's Kameltreiber von Heidelberg. In: Modern Language Studies, 30. Jg. (2000), H. 1, S. 167–178.

Seyhan, Azade: Writing outside the nation. Princeton, NJ (Princeton University Press) 2001.

Slaiman, Mustafa al: Literatur in Deutschland am Beispiel arabischer Autoren. Zur Übertragung und Vermittlung von Kulturrealien – Bezeichnungen in der Migranten- und Exilliteratur. Aus: Amirsedghi, Nasrin; Bleicher, Thomas (Hg.): Literatur der Migration. Mainz (Kinzelbach) 1997. S. 88–99.

Wenderott, Claus (Hg.): »Der Orient wohnt in meinem Wort. Geschichten von Rafik Schami für deutsche und ausländische Schüler«. Essen (Universität Essen, Arbeitsstelle Migrantenliteratur) 1992.

Bildnachweis

Die Fotos stammen aus dem Privatarchiv von Rafik Schami. Die Abbildungen der Buchcover erfolgen mit freundlicher Genehmigung der Verlage.

Danksagung

Mein Dank gilt Rafik Schami. Für die bemerkenswerte Offenheit, mit der er mir Einblicke in sein Leben gewährt hat, für
den Zugang zu seinem privaten Foto-Archiv und nicht zuletzt auch für die schönen kleinen Geschichten aus seiner
Kindheit und Jugend, die er speziell für diesen Band verfasst
hat.
Nicht gesondert ausgewiesene Zitate stammen aus den zahlreichen Gesprächen und Interviews mit dem Autor.

Register

Rafik Schami im dtv

»Meine geheime Quelle ist die Zunge der anderen. Wer
erzählen will, muß erst einmal lernen zuzuhören.«
Rafik Schami

Bitte besuchen Sie uns im Internet: www.dtv.de

<u>dtv</u> portrait

Herausgegeben von Martin Sulzer-Reichel
Originalausgaben

Biografien bedeutender Frauen und Männer aus
Geschichte, Literatur, Philosophie, Kunst und Musik

Sämtliche Titel aus der Reihe finden Sie auf unserer Website unter
www.dtv.de oder im <u>dtv</u> Gesamtverzeichnis, das überall im
Buchhandel erhältlich ist.